二訂版
キャンパス中国語入門

——中国文化へのアプローチ——

鄭 麗芸 著

駿河台出版社

音声について

本書の音声は、下記サイトより無料でダウンロード、
およびストリーミングでお聴きいただけます。

https://stream.e-surugadai.com/books/isbn978-4-411-03148-8/

....

＊ご注意
・PC からでも、iPhone や Android のスマートフォンからでも音声を再生いただけます。
・音声は何度でもダウンロード・再生いただくことができます。
・当音声ファイルのデータにかかる著作権・その他の権利は駿河台出版社に帰属します。
　無断での複製・公衆送信・転載は禁止されています。

表紙題字及び本文挿図：鄭　麗芸

はじめに

　今までの中国語入門のテキストは、中国を観光したり、中国に留学したりすることを想定したものが多かったようです。しかし、日本の大学で教養の外国語として中国語を履修する学生が、実際に中国に行くことの出来るケースはそれ程、多くないと思います。せっかく習った中国語をすぐ使わなければならない場面に遭遇することはあまり無いと言ってもよいと思います。したがって、このテキストでは日本の大学のキャンパスの中で、よく出会う場面や話題を取り上げて、教材の内容を身近なところから選び、教室で習った言葉を、そのまますぐに教室で使えるように試みました。

　一方、中国語を履修する学生の大部分は、その動機として中国文化への興味を大きく挙げています。しかし、入門テキストの範囲では、中国の文化にまで深く入っていく余裕がありません。したがってこのテキストには、一課毎に本文に併せて中日文化比較に視点を当てたエッセイを掲載しました。これによって中国文化に対する理解が深まるとともに、中国語学習への意欲も一段と高まっていくことでしょう。言葉から文化へ、文化から言葉へ、一石二鳥の効果が上がることを期待してやみません。

　出版に当たり、温かいご協力をいただきました駿河台出版社の井田洋二さん、浅見忠仁さんに厚くお礼を申し上げます。

　2014年元月

著　者

書耘斎にて

目　　　次

主要登場人物
1. 王　先　生：日本の大学の中国語の先生。
2. 田中光一：日本の大学で教養の中国語を履修している人文学部一年生。
3. 佐藤雅子：日本の大学で教養の中国語を履修している経済学部一年生。
4. 高　小　華：日本の大学の経済学部一年生。（中国人留学生）

汉语常用课堂用语

1. 同学们　早！／同学们　好！
   Tóngxuémen zǎo!／Tóngxuémen　hǎo!

   老师　早！／老师　好！
   Lǎoshī zǎo!／ Lǎoshī　hǎo!

2. 现在　开始　上课　（点名）。
   Xiànzài　kāishǐ　shàngkè　(diǎnmíng).

3. 请　把　书　翻　到　第一页（第一课）。
   Qǐng　bǎ　shū　fān　dào　dì　yī　yè　(dì yī kè).

4. 请　跟　我　念　（复述）课文。
   Qǐng gēn　wǒ　niàn　(fùshù)　kèwén.

5. 请　大家　一起　念　（背诵）　课文。
   Qǐng　dàjiā　yìqǐ　niàn　(bèisòng)　kèwén.

6. 请　把　书　合上。
   Qǐng　bǎ　shū　héshang.

7. 现在　听写　拼音（单词／句子）。
   Xiànzài　tīngxiě　pīnyīn　(dāncí／　jùzi).

8. 请　到　黑板　上　听写。
   Qǐng　dào　hēibǎn shang　tīngxiě.

9. 现在　做　替换　练习。
   Xiànzài　zuò　tìhuàn　liànxí.

10. 现在　练习　会话　（翻译）。
    Xiànzài　liànxí　huìhuà　(fānyì).

11. 我　说　汉语（日语），请　大家　译成　日语（汉语）。
    Wǒ　shuō　Hànyǔ　(Rìyǔ),　qǐng　dàjiā　yìchéng　Rìyǔ　(Hànyǔ).

12. 今天　的　课　就　上　到　这儿，　同学们　再见！
    Jīntiān　de　kè　jiù　shàng　dào　zhèr,　tóngxuémen　zàijiàn!

    老师　再见！
    Lǎoshī　zàijiàn!

発　音

1．音節の構造

　中国語の音節は大きく分けると下図のように声母と韻母と声調の三つの部分に分かれる。

声　調	
声　母	韻　母

　韻母はさらに介母音、主母音、韻尾の三つの部分に分けることができる。音節によっては、声母のない(零声母＝Ø)場合もあるし、韻母には介母音や韻尾のない場合もあるが、主母音は必ずある。例えば：

音　節	声　母	韻　母			声　調
		介母音	主母音	韻　尾	
ā(阿)	Ø		a		ー
jié(结)	j	i	e		／
kǒu(口)	k		o	u	∨
zhuàng(壮)	zh	u	a	ng	＼

2．声調 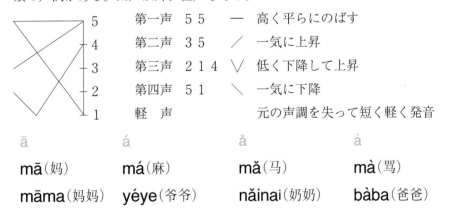 02

　声調は音節内部の音の高低変化である。中国語の標準語"普通语"には４種類の声調がある。四声以外、軽声もある。

第一声	５５	ー	高く平らにのばす
第二声	３５	／	一気に上昇
第三声	２１４	∨	低く下降して上昇
第四声	５１	＼	一気に下降
軽　声			元の声調を失って短く軽く発音

ā　　　　　　á　　　　　　ǎ　　　　　　à

mā(妈)　　**má**(麻)　　**mǎ**(马)　　**mà**(骂)

māma(妈妈)　**yéye**(爷爷)　**nǎinai**(奶奶)　**bàba**(爸爸)

3．韻母　03

中国語の韻母は単母音韻母と複合母音韻母と鼻音を伴う韻母の３種類に分かれる。

（1）単母音韻母

舌面母音

a	o	e	i	u	ü
啊(ā)	喔(ō)	婀(ē)	衣(yī)	烏(wū)	迂(yū)

舌面母音舌位図

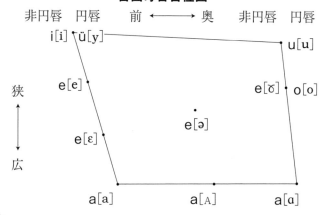

舌先母音

er [ər]	-i [ɿ]	-i [ʅ]
耳(ěr)	資(zī)	知(zhī)

（2）複合母音韻母　04

複合母音韻母には＜型（介母音＋主母音）と＞型（主母音＋母音韻尾）と◇型（介母音＋主母音＋母音韻尾）の三つのタイプがある。

＜型	ia(ya)	ie(ye)	ua(wa)	uo(wo)	üe(yue)
＞型	ai(ai)	ei(ei)	ao(ao)	ou(ou)	
◇型	uai(wai)	uei(wei)	iao(yao)	iou(you)	

介母音になれる母音は i、u、ü で、韻尾になれる母音は i、u、o である。

（3）鼻音を伴う韻母　05

an(an)	ang(ang)	en(en)	eng(eng)	ong(ong)

ian（yan）　　iang（yang）　　in（yin）　　　ing（ying）　　　iong（yong）

uan（wan）　　uang（wang）　　uen（wen）　　ueng（weng）

üan（yuan）　　　　　　　　ün（yun）

4．声母 🔊 06

	（無気音）	（有気音）	（鼻音）	（摩擦音）	
唇　　　音	b(o)	p(o)	m(o)	f(o)	
舌 尖 音	d(e)	t(e)	n(e)		l(e)
舌 根 音	g(e)	k(e)		h(e)	
舌 面 音	j(i)	q(i)		x(i)	
そり舌音	zh(i)	ch(i)		sh(i)	r(i)
舌 歯 音	z(i)	c(i)		s(i)	

5．ピンイン標記と音価

（1）a

　　　an ………………………………………………… [a]

　　　ian, üan ………………………………………… [ε]

（2）e

　　　e …………………………………………………… [ɤ]

　　　en, eng ………………………………………… [ə]

　　　ei …………………………………………………… [e]

　　　ie, üe …………………………………………… [ε]

（3）i

　　　i, ji, qi, xi ……………………………………… [i]

　　　zi, ci, si ………………………………………… [ɿ]

　　　zhi, chi, shi, ri ……………………………… [ʅ]

（4）u

　　　u, zu, cu, su, lu, nu ………………………… [u]

　　　yu, ju, qu, xu, lü, nü ……………………… [y]

６．綴りの規則

（1）i、u、üの綴り方

①加える

    Ø＋i, in, ing→yi, yin, ying

    Ø＋u→wu

②書き換える

    Ø＋i～→y～

    Ø＋u～→w～

③加える＋書き換える

    Ø＋ü   →yu

    Ø＋ü～→yu～

④その他

    j, q, x＋ü(～)→ju(～), qu(～), xu(～)

    n, l＋ü, üe→nü, lü, nüe, lüe

    n, l＋u   →nu, lu

（2）iou、uei、uen の綴り方

iou、uei、uen が声母と結合した場合は o、e が消える。

n＋iou→niu   g＋uei→gui   l＋uen→lun

（3）r 化の綴り方

er(儿)が接尾辞となった場合、音節の末尾で舌先をそらせて発音する。書く時、前の音節の末尾に直接 r を付ける。

    花儿   huā＋er→huār

    那儿   nà＋er→nàr

    心眼儿 xīnyǎn＋er→xīnyǎnr

（4）声調の付け方

声調は音節の主母音の上に付ける。主母音は音節に於いて口の開きが一番大きい母音で、その優先順位は次のようになる。

　　　　a>e, o>i, u, ü

　niu、gui のような主母音 o、e が消える場合、後の方に付ける。i に付ける場合、上の点をとる。

lǎo	lái	jiǎ	huá	qiáo	kuài	lián	áng	wā
jiè	bèi	wēi	yè	nüè	yuē	duǒ	gòu	yóu
diū	shuǐ	lín	yǐ	wǔ	lù	yú	lǚ	rì

7．声調の変化　🔊 07

（1）第三声の変化　　P.7の図を参照

第三声 ＋　　　第三声 hǎishuǐ（海水）　　214＋214 → 24＋214

第三声 ＋
- 第一声 hǎiwān（海湾）　　214＋55 → 21＋55
- 第二声 hǎibá（海拔）　　214＋35 → 21＋35
- 第四声 hǎimiàn（海面）　　214＋51 → 21＋51

　「24」は第二声の「35」に似ているので、第三声＋第三声の場合、前の第三声は第二声に変化するとも言える。「21」は第三声「214」の前半なので、第三声＋第一、二、四声の場合、前の第三声は「半三声」とも言える。

（2）"不"（bù）の変化

　　bù ＋ 第四声 → bú ＋　第四声　　búqù（不去）

（3）"一"（yī）の変化

yī ＋
- 第一声
- 第二声
- 第三声

→ yì ＋
- 第一声　yìqiān（一千）
- 第二声　yìnián（一年）
- 第三声　yìbǎi（一百）

　yī ＋　第四声　　→　yí ＋ 第四声　　yíwàn（一万）

　ただし、"一" が順番を表す場合、声調変化をしない。

　　dì yī kè（第一课）

発音練習 🔊 08

1. ā á ǎ à   ō ó ǒ ò   ē é ě è   yī yí yǐ yì
    wū wú wǔ wù   yū yú yǔ yù   ēr ér ěr èr

2. ǎo   ái   yá   yuè   yóu   wō   wēi
   ǒu   éi   yé   yè   yáo   wā   wāi

3. ān   yán   wǎn   ēn   yín   wēn   yùn
   āng   yáng   wǎng   ēng   yíng   wēng   yòng

4. dān   lián   huán   gēn   jǐn   hún
   dāng   liáng   huáng   gēng   jǐng   hóng

5. bǎo   dòu   gǎi   jiū   kòu   zhuī
   pǎo   tòu   kǎi   qiū   còu   chuī

6. zǐ   cì   sǐ   zā   cā   sǎ
   zhǐ   chì   shǐ   zhā   chā   shǎ

7. zī   cì   sì   zhí   chī   shí   rì
   zū   cù   sù   zhú   chū   shú   rù

8. kǔ   tǔ   fū   lù   hú   xū   jú
   cǔ   zǔ   hū   rù   xú   sū   zú

9. rì   tì   shī   qí   jī   zǐ   nǐ
   lì   zì   xī   chí   yī   jǐ   lǐ

10. cā   fèn   rùn   kōng   lüè   zhě   xìn
   kā   wèn   lùn   cōng   liè   zhǒu   xùn

筆記練習

1．ピンイン綴りの規則にしたがって、第一声の表記に書き改めなさい。

(1) iou 　　(2) uo 　　(3) xüe 　　(4) liou 　　(5) ie

(6) duen 　　(7) xü 　　(8) uen 　　(9) zhuei 　　(10) ing

(11) u 　　(12) üan 　　(13) uei 　　(14) ua 　　(15) iang

(16) in 　　(17) i 　　(18) luen 　　(19) qün 　　(20) xiou

2．指示に従って、正しい位置に声調記号を付けなさい。

第一声： 　(1) jiu 　　(2) shuo 　(3) xiao 　(4) gou 　(5) jie

第二声： 　(1) hui 　　(2) lü 　　(3) chen 　(4) wei 　(5) ying

第三声： 　(1) jiang 　(2) xuan 　(3) zhao 　(4) you 　(5) guai

第四声： 　(1) zhuang 　(2) que 　(3) gua 　(4) dao 　(5) nüe

3．"一"、"不"の声調変化の規則に従って、実際に発音する時の声調を記しなさい。

(1) bu kěn 　(2) yidìng 　(3) dì-yi 　(4) bu yào 　(5) yi chǎng

(6) bu xíng 　(7) yikē 　(8) buxī 　(9) yi tiáo 　(10) bu duì

十二支の名称

zhū
猪

shǔ
鼠

niú
牛

gǒu
狗

あなたは

なに年生れですか？

hǔ
虎

jī
鸡

tù
兔

hóu
猴

lóng
龙

yáng
羊

mǎ
马

shé
蛇

第一课　问　候
Wènhòu

アプローチ

"你好！(您好！)"

　「挨拶」とは、人に会った時にとり交わす儀礼的な動作や言葉のことです。挨拶語は相手との関係や状況によって、いろいろ使い分けます。例えば、人に会う時や別れる時、食事を始める時や終える時、外出する時や帰った時、物を依頼する時、お礼やおわびの時、初対面の時、訪問や接客する時などです。中国語の挨拶語の特徴は、日本語ほど慣用的な言葉、つまり定型化された挨拶語が多くないことです。

　"你好"(Nǐ hǎo) は最もよく使う挨拶の中の常用語で、日本語の「こんにちは」「こんばんは」などに相当します。これは朝昼晩を問わず使いますが、初対面や久しぶりで会う人、また外国人相手に礼儀として使います。また、自分より年配でそれほど親しくない人に対して使い、ちょっと改った感じがあります。しかし中国人どうしの日常生活の中ではこの言葉はあまり使いません。このことも、おそらく日本では想像がつかないでしょう。一般に、親しい者どうしが挨拶を交わす時は、「お父さん」「李おじさん」「方先生」「どこへ行く」などと言い、相手の名前や社会的呼称、親族の呼称などを用いて呼び掛けます。これが中国式挨拶の大事な要素です。また、"再见"(Zàijiàn) についても、外国人相手にはよく使われますが、中国人どうしの間は、明日会うことが判っていれば"明天见"(Míngtiān jiàn)（あした会いましょう）、後で会う時は"回头见"(Huítóu jiàn)（あとで会いましょう）を使うのが一般的です。すなわち、日本で考えるように"你好""再见"は、中国人の間では挨拶語としていつも使う慣用語ではないのです。

王老师：　田中!
Wáng lǎoshī Tiánzhōng!

田　中：王　老师，　您　好!
Tiánzhōng Wáng lǎoshī, nín hǎo!

王老师：　上　哪儿?
Shàng nǎr?

田　中：我　去　图书馆。
Wǒ qù túshūguǎn.

王老师：再见!
Zàijiàn!

田　中：再见!
Zàijiàn!

新出語句 🔊 10

问候 wènhòu 代 挨拶する	哪儿 nǎr 代 どこ
老师 lǎoshī 名 先生	我 wǒ 代 わたし
您 nín 代 あなた（敬称）	去 qù 動 行く
好 hǎo 形 よい	图书馆 túshūguǎn 代 図書館
上 shàng 動 行く	再见 zàijiàn 代 さようなら

中日漢字対照

课（課）、问（問）、师（師）、图（図）、书（書）、馆（館）、见（見）

ポイント

1 人称代名詞：

	単　数	複　数
第1人称	我 wǒ	我们（咱们） wǒmen　zánmen
第2人称	你（您） nǐ　nín	你们 nǐmen
第3人称	他（她，它） tā　tā，tā	他（她，它）们 tā　tā，tā men
疑　問	谁 shuí,shéi	

例：王老师，您好！　Wáng lǎoshī, nín hǎo!

　　我去图书馆。　Wǒ qù túshūguǎn.

2 疑問詞 "哪儿"——「どこ」

例：上哪儿？　Shàng nǎr?

3 語順：主語＋述語＋目的語

例：我去图书馆。　Wǒ qù túshūguǎn.

4 標点符号

句読点やかっこなどの文章記号です。

文　末			文　中			
。	？	！	，	、	；	：
句点、まる	疑問符	感嘆符	カンマ	読点、点	セミコロン	コロン
平叙文など	疑問文	感嘆文	句の区切れ目	並列要素	長い並列文の区切れ目	引用やセリフ

例：上哪儿？　Shàng nǎr?

　　我去图书馆。　Wǒ qù túshūguǎn.

　　再见！　Zàijiàn!

練　習

一、発音練習 🔊 11

1.　shānqū（山区）　　xuéfēn（学分）　　guǒzhī（果汁）　　dìqū（地区）

　　shāntóu（山头）　　xuéxí（学习）　　guǒshí（果实）　　dìqiú（地球）

　　shānshuǐ（山水）　　xuézhě（学者）　　guǒfǔ（果脯）　　dìtiě（地铁）

　　shāndì（山地）　　xuéxiào（学校）　　guǒròu（果肉）　　dìzhèn（地震）

　　shānli（山里）　　xuéwen（学问）　　guǒzi（果子）　　dìxia（地下）

2.　shēnmíng（申明）　　　　shénmíng（神明）

　　jītǐ（机体）　　　　jítǐ（集体）

　　bàituō（拜托）　　　　bǎituō（摆脱）

　　cáihuá（才华）　　　　càihuā（菜花）

　　gàosu（告诉）　　　　gāosù（高速）

　　jìngyì（敬意）　　　　jīngyì（惊异）

　　jìnqǔ（进取）　　　　jìnqū（禁区）

　　zhuāngzhì（装置）　　　　zhuàngzhì（壮志）

　　qiánjìn（前进）　　　　qiǎnjìn（浅近）

　　wèishēng（卫生）　　　　wěishēng（尾声）

二、ピンインを書き、訳しなさい。

　　1）老师 ＿＿＿＿＿＿訳＿＿＿＿＿　　2）哪儿 ＿＿＿＿＿＿訳＿＿＿＿＿

三、ピンインを漢字に直しなさい。

　　1）hǎo　　　　2）wǒ　　　　3）qù　　　　4）zàijiàn

　　　＿＿＿＿＿＿　　＿＿＿＿＿＿　　＿＿＿＿＿＿　　＿＿＿＿＿＿

知っておきましょう

中国語言葉の玉手箱

呼び捨ての挨拶

　日本の「さん」「君」「ちゃん」に当る言葉は、中国では目上の人には"老"（lǎo）、目下の人には"小"（xiǎo）の字を姓の前につけることです。しかし、必ずしも"老"は年寄り、"小"は若い人の場合とは限りません。また学生の間あるいは学生に対して、中国では姓の前に"老""小"を付ける習慣はまずありません。外国人相手の場合には一般に姓の後に"先生"（xiānsheng）をつけることが多く、相手が女性の場合は若い人には"小姐"（xiǎojiě）、年配の人には"女士"（nǚshì）をつけます。

　中国では親しい同世代の人には名前だけで呼び、"直呼其名"（zhíhūqímíng）といって呼び捨てにすることが多いのです。同世代の同級生の例をあげましょう。姓名の呼び捨てには三つの場合があります。「姓のみ」「名のみ」「姓と名」です。中国語では二音節の単語が多いのですが、中国人の姓は主に一文字、一音節で、名は一音節か二音節ですので、音節数の関係で単音節の「姓のみ」は日本ほど使われていません。また、二音節の「名のみ」の場合は、とても親しい関係の人相手の時に限ります。最も多く使うのは「姓と名」です。これは日本ではとても珍しい呼び方です。例えば、"高小华"（Gāo Xiǎohuá）の場合は、「高君」ではなく、"高小华"と呼び捨てで呼び、挨拶の時もそのままです。

暮らしの中の違い

挨拶の動作

　挨拶の場合の動作は、日本ではお辞儀することが多いようですが、現代中国では握手が一般的になっています。その場合の姿勢は、真っすぐに立って、腰をかがめることはありません。握手しながら何度もお辞儀を繰り返す人を、日本ではときどき見掛けますが、中国では滑稽な姿として映ってしまいます。

　むしろ、友好的な表情で相手に好感を伝える方が、自然なままの誠意が感じられます。

何か用事があるのか　　　　　4月15日

　入学して一週間経った。外国語として中国語を選択した。昨日、初めて中国語の授業があったが、とても楽しかった。担当の王先生は中国の人で、親しみやすい人だと思った。

　今朝、先生に校内で会い、"佐藤"（Zuǒténg）と呼ばれた。私は「はい。先生」と緊張して、日本語で答えてしまった。それで、先生の用事を聞こうと思って足を止めた。しかし、先生は微笑みながら、何も言わずに歩いて行かれた。「何か用事があるのではないか」と私は先生の不思議な行動を思いつつ、午後授業が終わってから、先生に質問した。

　先生は「初対面の場合以外は、"您好"（Nín hǎo）抜きの挨拶が普通です」とおっしゃった。つまり、名前だけ呼ぶのが中国の最も一般化された親しい挨拶のやり方で、その場合、「先生」という呼び掛けは、日本では姓抜きで呼んで親しみを表わす場合があるが、中国ではそうではない。中国は一旦、紹介されると必ず相手の姓を付け加えて呼ばなければならない。そうしないと、相手の姓をすぐ忘れて、軽視しているのかと思われるとのことだった。自分の先生に対して、もし「先生」という姓抜きで呼び掛けたら、先生に「あの学生は不勉強ですね。一ヵ月の授業を受けたのに、まだ私の名前まで覚えてない？」と思われるだろう。これは驚きだった。

第二课　介　绍
Jièshào

"我叫田中光一。"

　日本では、自己紹介する時、例えばよく「田中光一です」と言います。つまり、主語を略することが多いのですが、中国語では主語は絶対に忘れてはいけません。しかし、日本の人は「私は田中光一です」のつもりで、思わず"我是田中光一"(Wǒ shì Tiánzhōng Guāngyī)と言っている人が多いのではないでしょうか。もちろん、これで意味は十分通じます。文法的に言っても間違いではありません。しかし時と場合を考えると、初対面における"我是田中光一"は、中国人にとってはちょっと変な言葉となります。つまり、"我是田中光一"とは、日本語で言うと「私はあの例の田中光一です」ということになり、初対面の人が既に田中光一についての知識を持ち、それを特に強調して言っている感じを与えます。場合によっては「いばっているな」という印象を与えることにもなります。

　自己紹介の時には"我叫田中光一"(Wǒ jiào Tiánzhōng Guāngyī)と言うのがふさわしいのです。日本でも丁寧に言う時には「田中光一です」ではなく、「田中光一と申します」となるでしょう。そして、中国語では姓だけの場合は"我叫田中"とは言わず、"姓"(xìng)を動詞として使い"我姓田中"(Wǒ xìng Tiánzhōng)と言います。"叫"は名、あるいは姓名の場合に限り、"我叫光一"、"我叫田中光一"となります。

　ただし、名前の前に身分や職業などを限定する言葉が来る場合は、その限りではなく、よく"我是…的〇〇〇"(Wǒ shì……de 〇〇〇)を使います。例えば、「私は文化大学の田中光一です」と言う時、"我是文化大学的田中光一"(Wǒ shì Wénhuà Dàxué de Tiánzhōng Guāngyī)としなければなりません。これは初対面の時であっても、同じことです。

本文 🔊 12

王老师： 田中， 我 介绍 一下， 这 位 是 经济系 的 中国
　　　　 Tiánzhōng wǒ jièshào yíxià zhè wèi shì jīngjìxì de Zhōngguó

　　　　 留学生。
　　　　 liúxuéshēng.

田　中：您 好！ 我 姓 田中， 名 叫 田中 光一。
　　　　 Nín hǎo! Wǒ xìng Tiánzhōng, míng jiào Tiánzhōng Guāngyī.

高小华：您 好！ 我 叫 高 小华， 高山 的 高， 大小 的
Gāo Xiǎohuá Nín hǎo! Wǒ jiào Gāo Xiǎohuá, gāoshān de gāo, dàxiǎo de

　　　　 小， 中华 的 华。
　　　　 xiǎo, Zhōnghuá de huá.

田　中：认识 您 很 高兴。
　　　　 Rènshi nín hěn gāoxìng.

高小华：我 也 很 高兴。
　　　　 Wǒ yě hěn gāoxìng.

王老师：以后 大家 多 联系。
　　　　 Yǐhòu dàjiā duō liánxì.

新出語句 🔊 13

介绍 jièshào 動紹介する
一下 yíxià 量ちょっと
这 zhè 代これ、この
位 wèi 量敬意をもって人を数える、方
是 shì 動～だ
经济 jīngjì 名経済
系 xì 名学部
的 de 助～の
中国 Zhōngguó 名中国
留学生 liúxuéshēng 名留学生
姓 xìng 動姓を～という
名 míng 名名前
叫 jiào 動(名前を)～という、呼ぶ

高 gāo 形高い
山 shān 名山
大小 dàxiǎo 名大小、大きさ
中华 Zhōnghuá 名中国の古称
认识 rènshi 動知り合う
很 hěn 副とても
高兴 gāoxìng 形うれしい
也 yě 副～も
以后 yǐhòu 名今後
大家 dàjiā 名みなさん
多 duō 形多い
联系 liánxì 動連絡する

中日漢字対照

绍(紹)、这(這)、经(経)、济(済)、华(華)、认(認)、识(識)、兴(興)、后(後)、
联(聯)

ポイント

1 指示代名詞

	近　称	遠　称	疑　問
人、物	这　　这些 zhè,zhèi zhèxiē	那　　那些 nà,nèi nàxiē	哪　　哪些　　什么 nǎ　　nǎxiē　shénme
場所	这里　　这儿 zhèli　　zhèr	那里　　那儿 nàli　　nàr	哪里　　哪儿　　什么地方 nǎli　　nǎr　shénme dìfang
時間	这会儿 zhèhuìr	那会儿 nàhuìr	什么时候 shénme shíhou
数量	这么些 zhèmexiē	那么些 nàmexiē	多　　多少　　　几 duō　duōshao　　jǐ
方式、様態	这么　　这样 zhème zhèyàng	那么　　那样 nàme　nàyàng	怎么　　怎么样　　　怎样 zěnme　zěnmeyàng　zěnmeyàng

例：这位是经济系的中国留学生。

　　Zhè wèi shì jīngjìxì de Zhōngguó liúxuéshēng.

2 "是"：判断文——「～です」

例：这位是经济系的中国留学生。

　　Zhè wèi shì jīngjìxì de Zhōngguó liúxuéshēng.

3 語順：(名詞的な)連体修飾語(＋的)＋中心語(1)——「～の～」

例：经济系的中国留学生。　Jīngjìxì de Zhōngguó liúxuéshēng.

4 形容詞述語文

例：我很高兴。　Wǒ hěn gāoxìng.

5 語順：主語＋連用修飾語＋述語

例：大家多联系。　Dàjiā duō liánxì.

6 語順：連用修飾語＋主語＋述語

例：以后大家多联系。　Yǐhòu dàjiā duō liánxì.

練　習

一、発音練習 🔊 14

   1.　tónghuà（童话）　　　　　　dònghuà（动画）

      píngjià（评价）　　　　　　bìngjià（病假）

      chúfáng（厨房）　　　　　　zhùfáng（住房）

      túshū（图书）　　　　　　dúshū（读书）

      zhīyuán（支援）　　　　　　zīyuán（资源）

      mùchái（木柴）　　　　　　mùcái（木材）

      xīnchūn（新春）　　　　　　xīncūn（新村）

      biāozhì（标志）　　　　　　biāojì（标记）

      shīcí（诗词）　　　　　　xīqí（稀奇）

      shīrén（诗人）　　　　　　sīrén（私人）

   2.　zànsòng（赞颂）　　　　　　zàngsòng（葬送）

      mùchuán（木船）　　　　　　mùchuáng（木床）

      hóngxīn（红心）　　　　　　hóngxīng（红星）

      chénjiù（陈旧）　　　　　　chéngjiù（成就）

      qīnjìn（亲近）　　　　　　qīngjìng（清静）

      míngyì（名义）　　　　　　míngyù（名誉）

      yìyì（意义）　　　　　　yùyì（寓意）

      qiánmian（前面）　　　　　　quánmiàn（全面）

      jìjié（季节）　　　　　　jùjué（拒绝）

      mófàn（模范）　　　　　　máfan（麻烦）

二、ピンインを書き、訳しなさい。

   1）认识 ＿＿＿＿＿＿＿㊙＿＿＿＿＿＿　　2）大家 ＿＿＿＿＿＿＿㊙＿＿＿＿＿＿

三、ピンインを漢字に直しなさい。

   1）jīngjì　　　2）Zhōngguó　　　3）liúxuéshēng　　　4）gāoxìng

   ＿＿＿＿＿＿　　＿＿＿＿＿＿　　＿＿＿＿＿＿　　＿＿＿＿＿＿

知っておきましょう

中国語言葉の玉手箱

「名字」は "姓"

　日本語の「名字」は、中国語に当てれば "姓"(xìng)です。中国語の "名字"(míngzi)とは人名について用いる時はフル・ネームを指す場合もあり、名前だけを指す場合もあります。例えば、李先生の場合は、"我姓李，名叫丽雪"(Wǒ xìng Lǐ, míng jiào Lìxuě)と姓と名を分けて自己紹介されました。中国の "姓" は、名字と同じで一生変らず結婚しても同じです。子供はたいてい父親の "姓" を付けます。中国人の姓はほとんど単姓で、"李"(Lǐ)"王"(Wáng)"张"(Zhāng)"刘"(Liú)"陈"(Chén)などが多いです。上位から400位までの姓で二音節のものは、ただ "欧阳"(Ōuyáng)(190位)と "令狐"(Lìnghú)(400位)の二つしかありません。「諸葛亮」の "诸葛"(Zhūgě)や「司馬遷」の "司马"(Sīmǎ)の姓はもっと珍しいものです。漢民族には三文字以上の姓はなく、"爱新觉罗"(Àixīnjuéluó)などは少数民族の姓です。日本の姓も中国に行くと中国読みにして、日本読みにはしないので、初めは誰のことか判らず、面喰らう時があるでしょう。

暮らしの中の違い

"请多多关照"

　初対面の時、"初次见面"(Chūcì jiàn miàn)(初めまして)あたりまでは中国でも一般的ですが、日本語との決定的な相違は、日本語では「初めまして」の後によく "请多多关照"(Qǐng duōduo guānzhào)(よろしくお願いします)とつけることです。これは言葉としては間違いはないし、十分、中国人にも意味は通じます。しかしこの言葉は中国では、必ず何か物事を具体的に依頼する時に使う言葉で、決して初対面の人に使うことはありません。「何と失礼な」という感じすら与えてしまうでしょう。初対面の時、相手が目上の方、著名な方で「よろしくお願いします」という尊敬の気持ちを表わしたい場合は、"认识您(你)很高兴"(Rènshi nín(nǐ) hěn gāoxìng)(お目にかかって嬉しいです)、"请多多指教"(Qǐng duōduo zhǐjiào)(いろいろお教えください)という言葉を使うとよいでしょう。ですから "请多多关照" は日本式の中国語の挨拶語で、日本人だけがそういうふうに言っているのです。

雅子さんの日記より

"认识" の訳は間違い　　　　　　　　4月20日

　今日の授業は、自己紹介の会話を練習した。

　中国の代表団が来られて、日本の友人と対話する場面を想定して、先生は中国の代表で、田中君は日本人で、私は通訳を担当した。

　まず、先生の "认识您我很高兴"（Rènshi nín wǒ hěn gāoxìng）を訳す時、私は昨夕、新出単語の "很""高兴" を調べていたので自信を持って、「あなたを認識して嬉しい」と訳した。しかし、先生からそれは間違いだといわれ、びっくりした。

　何故なら、"认识" は日本語でいうと「見知る」と「認識」との二つの意味があるが、紹介の場合は必ず前者の「あなたを知り、とてもうれしいです」の方の意味なので、「認識」と訳してしまうとおかしいのだ。また、また失敗！

第三课　感　謝
Gǎnxiè

アプローチ

"谢谢！"

　"谢谢"(Xièxie)は「ありがとうございます」の意味で、「ありがとう」「ありがとうございます」「ありがとうございました」のいずれの場合にも使います。話しの調子と話す環境によって、丁寧さの度合いや過去・現在の時間の相違が出てくるだけです。中国人はこの言葉を大事に使いますし、聞く人も非常に真剣に受け留めます。しかし、親子関係や夫婦関係など身内の人の間ではそんなに使いません。使うと逆によそよそしい感じがします。ただ、誕生日のお祝いを貰った時などに使うこともあります。

　日本では当たり前の「この間は、どうもありがとうございました」という挨拶は、中国にはありません。一回のお世話に対して礼を何回も言うのはくどいので、むしろ「良い話でも同じことを三回繰り返すと意味がなくなる」というのが中国人の考え方です。中国では、感謝の意があればそれを心に留めて、いつの日にか恩を返したらいいと思っているのです。更に、一カ月や半年経ったら既に過ぎたことですので、礼を言われる方もそのことを忘れていることがあるでしょう。あるいは、私のしてあげたことがまだ足りないのか、また御馳走してほしいのかという意味にすら取られてしまうかも知れません。

　"谢谢"に対する答えかたはいろいろありますが、"不客气"(Bú kèqi)(どういたしまして)、"不谢"(Bú xiè)(感謝する必要はありません)、"没关系"(Méi guānxi)(大丈夫です)、"没什么"(Méi shénme)(なんでもありません)、"哪里哪里"(Nǎli nǎli)(いや、いや、どういたしまして)など、場合によって使い分けます。すべて「どういたしまして」に近いのですが、少しずつニュアンスが違っています。これらの中で一番頻繁に使われるのは、"不客气"でしょう。これさえ覚えておけば、どんな場合でも使えます。

本 文 🔊 15

田 中：王 老师，这 是 同学们 给 您 的 生日 礼物。
　　　　Wáng lǎoshī, zhè shì tóngxuémen gěi nín de shēngri lǐwù.

王老师：谢谢。啊， 这 茶杯 真 漂亮！
　　　　Xièxie. Ā, zhè chábēi zhēn piàoliang!

田 中：是 京都 的 清水烧 陶器。
　　　　Shì Jīngdū de Qīngshuǐshāo táoqì.

王老师： 清水烧？ 清水烧 陶器 是 很 有名 的 啊。
　　　　Qīngshuǐshāo? Qīngshuǐshāo táoqì shì hěn yǒumíng de a.

田 中：是 的。 王 老师， 祝 您 生日 快乐！
　　　　Shì de. Wáng lǎoshī, zhù nín shēngri kuàilè!

王老师：谢谢。
　　　　Xièxie.

新出語句 🔊 16

感谢 gǎnxiè 動 感謝する
同学们 tóngxuémen 名 同級生たち、ク
　　　　　　　ラスメートたち
给 gěi 動 与える、あげる
生日 shēngri 名 誕生日
礼物 lǐwù 名 プレゼント
谢谢 xièxie 動 感謝する、ありがとう
啊 ā 感 感嘆を表す
茶杯 chábēi 名 湯のみ
真 zhēn 副 本当に

漂亮 piàoliang 形 きれいだ
京都 Jīngdū 名 京都
清水烧 Qīngshuǐshāo 名 清水焼
陶器 táoqì 名 陶器
是〜的 shì〜de 〜の部分を強調する構文
有名 yǒumíng 形 有名だ
啊 a 助 文末に置き、肯定を表す
祝 zhù 動 祈る、心から願う
快乐 kuàilè 形 楽しい

中日漢字対照

谢(謝)、给(給)、亮(亮)、真(真)、烧(燒)、器(器)、乐(楽)

ポイント

1 語順：(動詞的な)連体修飾語＋的＋中心語(2)──「～する～」

例：同学们给您的生日礼物。 Tóngxuémen gěi nín de shēngri lǐwù.

2 動詞"给"

例：给您的生日礼物。 Gěi nín de shēngri lǐwù.

3 感嘆文

例：啊，这茶杯真漂亮！ Ā, zhè chábēi zhēn piàoliang!

4 強調の"是……的"──「～のです」

例：清水烧陶器是很有名的。 Qīngshuǐshāo táoqì shì hěn yǒumíng de.

5 "祝你(您)～"──「～を祈ります」

例：祝您生日快乐！ Zhù nín shēngri kuàilè!

6 数字の言い方

零	一	二(两)	三	四	五	六	七	八	九	十	百	千	万	亿
líng	yī	èr(liǎng)	sān	sì	wǔ	liù	qī	bā	jiǔ	shí	bǎi	qiān	wàn	yì

十一	二十一	九十九	一百	一百零一	二(两)百
shíyī	èrshiyī	jiǔshijiǔ	yìbǎi	yìbǎilíngyī	èr(liǎng)bǎi

一千	一千零二	两千	两千一(百)	一万	三万二(千)
yìqiān	yìqiānlíng'èr	liǎngqiān	liǎngqiānyī(bǎi)	yíwàn	sānwànèr(qiān)

練 習

一、ピンインを書き、訳しなさい。

    1）礼物 _____ 訳 _____   2）漂亮 _____ 訳 _____

二、ピンインを漢字に直しなさい。

    1）tóngxuémen   2）shēngri   3）xièxie   4）kuàilè

    _____   _____   _____   _____

三、下線部を置き換えて、練習してみよう。

    1 这是给您的生日礼物。 Zhè shì gěi nín de shēngri lǐwù.

        小李 xiǎo Lǐ

        他 tā

        留学生 liúxuéshēng

        我们老师 wǒmen lǎoshī

    2 啊，这茶杯真漂亮！ Ā, zhè chábēi zhēn piàoliang！

        名字 míngzi

        礼物 lǐwù

        陶器 táoqì

        学校 xuéxiào

    3 清水烧陶器是很有名的。 Qīngshuǐshāo táoqì shì hěn yǒumíng de.

        那人 nàrén

        这位同学 zhèwèi tóngxué

        我们学校 wǒmen xuéxiào

        那里的图书馆 nàli de túshūguǎn

知っておきましょう

中国語言葉の玉手箱

"谢谢、谢谢" の丁寧さ

　"谢谢、谢谢"(Xiè xie、xiè xie)のような語の繰り返しは、強い感謝の気持ちを表します。日本では「はいはい」「やるやる」のような言葉は投げやりな感じを与えるでしょう。しかし中国では逆に、四字句独特の落ち着いた感じがあり、強いプラスの意味を持ちます。その時の答えは"哪里哪里"(Nǎli nǎli)"不谢不谢"(Búxiè búxiè)などとなり、同じように強い印象を与えます。

　中国語ではよく二字語を重ねて使います。例えば、お客が訪ねて来た時は"欢迎欢迎"(Huānyíng huānyíng)、お祝いの時は"恭喜恭喜"(Gōngxǐ gōngxǐ)"祝贺祝贺"(Zhùhè zhùhè)などです。腰を曲げての御辞儀はしませんが握手はします。特に、日本では結婚式の時「重ね重ね」「たびたび」と同じ言葉を重ねて言わないという場合もありますが、中国ではそれは全くありません。

暮らしの中の違い

"你"＝あなた？

　日本では、目上の人に対して「あなた」に当る"你"(nǐ)"您"(nín)の言葉はあまり使いません、日本の学生は、中国においても先生に"您"(あなた)という言葉を殆ど使わないのです。これは日本語の習慣に影響されているからです。中国では"你"は第二人称として、常に使いますし、尊敬する場合は"您"と呼びます。日本ほど「おまえ」「きみ」「あなた」「おたく」など区別した言葉はありません。しかし初対面の時でも、一回でも相手の名前を呼んだら、それ以後は"你"を使います。夫婦、恋人同志、初対面の人、親友、いずれの場合でも同じです。日本のように、夫婦の間での「あなた」は、呼び掛け語としては使いません。

毎度有難う?! 　　　　　　　　　　5月2日

　田中君が日中友好協会から中国の映画〈紅高梁〉(Hóng Gāoliang) の切符三枚を貰ったので、王先生と一緒に見に行った。帰る途中、急に雨が降りだした。先生は午後会議があるので、三人でタクシーに乗った。前席の運転手さんの椅子の背中に「毎度有難うございます」の文字があるのを見て、先生が「日本のタクシーは何で毎回事故が有るのか」と言われ、私達はしばらく考えてから、思わず笑い出した。

　日本で非常によく使われる「毎度有難う」という言葉は「ようこそ、いつもご利用して下さって、ありがとう」の感謝の意と思っているが、「難」という文字は中国語で解釈すると「困難」や「災難」しか考えられないらしい。漢字で「毎度有難う」と書いてあると、「毎度(災)難が有る」と受け取れるのだ。やはり言葉というものは難しい。「毎度有難う」を中国語に訳したら、"谢谢每次光临" (Xièxie měi cì guānglín) となると李先生。

第四课　道　歉
Dàoqiàn

アプローチ

"对不起，我迟到了。"

　"对不起"（Duìbuqǐ）は陳謝、謝罪の言葉です。「（～に対して）すまないと思う」「申し訳ない」「すみません」という意味です。"真对不起"（Zhēn duìbuqǐ）の"真"は「本当に」「心から」という語感を強める副詞です。"对不起"と同じような言葉でやや優雅なニュアンスを持つのは"真抱歉"（Zhēn bàoqiàn）（恐縮に思う）、これは多く文章語として用いられます。"对不起"の方が使用の頻度は多いのは当然のことです。しかし、"对不起"も繰り返して言ってはいけません。日本では、余り重要な時でなくても「すみません」という言葉をよく使いますが、中国ではそれはありません。

　先ず、「すみません」は日本語の中では呼び掛け語の役割をすることがあります。しかし、中国語では一般に"对不起"は呼び掛け語とはなりません。中国の呼び掛け語は、男性の場合は"先生"（xiānsheng）"师傅"（shīfu）"同志"（tóngzhì）、女性の場合は"小姐"（xiǎojiě）"同志"ということが多いようです。また、日本では感謝語として「すみません」を使うこともあります。しかし、中国では"对不起"と言ったら、どんな悪いことをしたのかと聞かれるかも知れません。中国では"对不起"は"谢谢"（Xièxie）という言葉の代用には絶対になり得ないのです。何か相手に申し訳ないことをしたり、失礼なことを言ってしまった時にはじめて、"对不起"を使います。例えば、授業や約束した時間に遅れたような場合、"对不起，我迟到了"（Duìbuqǐ, wǒ chídào le）と言います。更に完全に責任を感じて、責任を取ろうという場合も真剣な顔付きでこの言葉を口にします。例えば、運転している車が、私のミスで他人の車にキズをつけた時、"对不起"と言うと、賠償しようという気持ちを表わします。そのほか人から借りた本を自分のミスで紛失して相手に返却出来なくなった場合など、自分の責任をはっきりと示さなければならない時に使う重い言葉です。

本　文　🔊 17

田　中：王　老师，对不起，　我　迟到　了。
　　　　Wáng lǎoshī, duìbuqǐ, wǒ chídào le.

王老师：不　要紧，车　还　没　来　呢。
　　　　Bú yàojǐn, chē hái méi lái ne.

田　中：自行车　突然　坏　了，　真　急人。
　　　　Zìxíngchē tūrán huài le, zhēn jírén.

王老师：大家　等了　十　分钟　了，正　担心着　呢。
　　　　Dàjiā děngle shí fēnzhōng le, zhèng dānxīnzhe ne.

田　中：真　抱歉。
　　　　Zhēn bàoqiàn.

王老师：车　来　了，赶快　上　车　吧。
　　　　Chē lái le, gǎnkuài shàng chē ba.

新出語句　🔊 18

道歉 dàoqiàn 動 謝る
对不起 duìbuqǐ すみません
迟到 chídào 動 遅刻する
不要紧 bú yàojǐn かまわない
上 shàng 動 乗る
车 chē 名 車
还 hái 副 まだ、また
没 méi 副 〜ていない
来 lái 動 来る
自行车 zìxíngchē 名 自転車
突然 tūrán 副 突然

坏 huài 動 壊れる
急人 jírén 気をもませる
等 děng 動 待つ
分钟 fēnzhōng 量 〜分間
正 zhèng 副 ちょうど
担心 dānxīn 動 心配する
着 zhe 助 (動詞の後に用いて)〜して
　　　　　　いる
抱歉 bàoqiàn 動 すまなく思う
赶快 gǎnkuài 副 早く、急いで
吧 ba 助 〜しよう(勧誘)

中日漢字対照

对(対)、迟(遅)、紧(緊)、车(車)、还(還)、突(突)、坏(壊)、钟(鐘)、抱(抱)

ポイント

1 否定詞 "不" と "没（有）" ——「～ない」と「～ていない」

例：不要紧，车还没来。 Bú yàojǐn, chē hái méi lái.

2 動詞直後の助詞 "了₁" と文末助詞の "了₂" —— "了₁" は動詞の後に置いて完了、"了₂" は文末に置いて、新しい事実の確認を表わす。

例：对不起，我迟到了。 Duìbuqǐ, wǒ chídào le.

车来了。 Chē lái le.

3 時間の数え方

五分钟　　一（个）小时　　半天　　两天　　十几天　　一个星期
wǔ fēnzhōng　yí (ge) xiǎoshí　bàntiān　liǎng tiān　shí jǐ tiān　yí ge xīngqī

半个月　　四个半月　　几个月　　半年　　一年　　几十年
bàn ge yuè　sì ge bàn yuè　jǐ ge yuè　bànnián　yì nián　jǐ shí nián

例：大家等了十分钟了。 Dàjiā děngle shí fēnzhōng le.

4 時量補語

例：大家等了十分钟了。 Dàjiā děngle shí fēnzhōng le.

5 進行表現 "（正）在～（呢）" "正～着呢" ——「ちょうど～しているところだ」

例：正担心着呢。 Zhèng dānxīnzhe ne.

6 文末助詞 "吧" ——勧誘を表わす。

例：赶快上车吧。 Gǎnkuài shàng chē ba.

練 習

一、ピンインを書き、訳しなさい。

　　1）正 _____㋭_____　　　2）自行车 _____㋭_____

二、ピンインを漢字に直しなさい。

　　1）chídào　　　2）tūrán　　　3）dānxīn　　　4）gǎnkuài

　　────────　　────────　　────────　　────────

三、下線部を置き換えて、練習してみよう。

　　1　不要紧，车还没来呢。　Bú yàojǐn, chē hái méi lái ne.

　　　　　　他们　　tāmen
　　　　　　大家　　dàjiā
　　　　　　李老师　　Lǐ lǎoshī
　　　　　　同学们　　tóngxuémen

　　2　大家等了十分钟了。　Dàjiā děngle shí fēnzhōng le.

　　　　　　半小时　　bàn xiǎoshí
　　　　　　三天　　sān tiān
　　　　　　三十分钟　　sānshí fēnzhōng
　　　　　　四十五分钟　　sìshíwǔ fēnzhōng

　　3　正担心着呢。zhèng dānxīnzhe ne.

　　　　　　等　　děng
　　　　　　上　　shàng
　　　　　　联系　　liánxì
　　　　　　高兴　　gāoxìng

知っておきましょう

中国語言葉の玉手箱

"対不起"の応答

　日本の「すみません」は多くの場合、答えなくてもいい、あるいは初めから答えを求める言葉ではありません。しかし中国の"対不起"(Duìbuqǐ)に対しては、答えは絶対必要です。"対不起"に対する返答は、許される場合なら直ちに、"不要紧"(Bú yàojǐn)"没关系"(Méi guānxi)と言って、相手の行為や言葉が、自分を傷つける程度のものではないことをはっきり示します。だから、例えば約束した時間に遅れた時、"対不起"と言っても、直ちに"没关系"という答えが返って来て、人間関係はうまく保たれるのです。

　例えば、人と約束して遅刻するのは中国でもいいこととは言えませんが、理由がきちんとあってそれを説明さえすれば、中国では余り問題にはしません。すぐに"没关系"と答えて、何でもないことを相手に示します。中国人が許すことができない感情を抱くのは、不公平なことに対してです。その時は"対不起"と言っても、容易に許して貰えないでしょう。

暮らしの中の違い

陳謝の表情

　日本では「すみません」という言葉は、いろいろの意味があります。一般的には、道で擦れ違って、ちょっと体が当たりそうになっても「すみません」。満員電車で、奥の方から出口へ出ようとする時にも「すみません」。買い物に行って、お店の人を呼ぶ時も「すみません」。日本では「すみません」は、「申し訳けない」という意味のほかに、「有難う」「もしもし」「ちょっと通して下さい」などいろいろの意味を持っていますので、真剣な顔つきをしない時があります。また本来の「申し訳ない」「ごめんなさい」の意に用いる時には、日本では頭を深く下げます。しかし、中国ではお辞儀の習慣はあまりなく、真剣な顔つき、緊張した態度で"対不起"(Duìbuqǐ)と言うことによって、謝る気持ちを強く表わすのです。

大家と関係があるか　　　　　　　5月20日

　今日、私は、先生と同級生達と一緒に森野喫茶店で待ち合わせて、高山へ紅葉を見に行こうと約束した。途中、自転車が故障したので、遅れると思って喫茶店に電話した。喫茶店に着いたら、先生達は出発したあとだった。伝言が置いてあり、それには"请速去JR车站，大家在等你呢"（Qǐng sù qù JR chēzhàn, dàjiā zài děng nǐ ne）と先生がご自分で書かれていたので、びっくりした。だって、アパートの家賃は自動振込みで一日遅れただけなのに、何故、大家さんは私を追いかけてまで来たのだろうか。待ち合わせ場所の駅まで慌てて行ったら、先生と同級生だけだった。私は思わず「大家さんは？」と聞いたら、みんなが変な顔をしたので、伝言の紙を取り出して見せた。先生は大笑いして「中国語の"大家"は家主さんと違いますよ。中国では家主は"房东"（fángdōng）と言います」と言われ、私は思わずきょとんとしてしまった。「大家」とは違って、"大家"とは、みんなという意味だったのだ。

第五课　请　假
Qǐngjià

アプローチ

"明天我想请假。"

　"请假"(qǐng jià)とは「休暇を貰う」「休暇を取る」という意味です。"假"は日本では「仮」の字で、「仮に」という臨時的な意味を表わします。しかし中国ではそうではなく、休暇という意味です。また"请"にはいろいろの意味があります。例えば、"请教"(qǐng jiào)の"请"は「教えて下さい」の「～して下さい」の意、"请客"(qǐngkè)の"请"は「お客を招待する」の「招待する」の意です。更に道など尋ねる時の"请问"(qǐngwèn)は、なかなか日本人には理解しにくく、また中国語の文法からも説明しにくい言葉ですが、"请允许我问一下"(Qǐng yǔnxǔ wǒ wèn yíxià)(ちょっと質問させて頂きたいが)の略語として「お聞きしたい」という意味が出てくるのです。例文の"请假"の"请"はお願いするの意味です。

　"明天我想请假"(Míngtiān wǒ xiǎng qǐngjià)のように"我想"を入れて、目上の人か、責任者に対して、休暇を取る気持ちを婉曲に伝えることがあります。この"请假"は学校でも、社会でも同じ言葉を使いますが、事前には"请假"、事後には"补假"(bǔjià)となります。学生や社会人が責任者に出す休暇願の届書は、"请假条"(qǐngjiàtiáo)と言います。

本 文 🔊 19

田　中：王　老师，明天　下午　我　想　请假。
　　　　Wáng lǎoshī, míngtiān xiàwǔ wǒ xiǎng qǐngjià.

王老师：什么　事?
　　　　Shénme shì?

田　中：茶道社　有　表演。
　　　　Chádàoshè yǒu biǎoyǎn.

王老师：有　请假条　吗?
　　　　Yǒu qǐngjiàtiáo ma?

田　中：有。这　是　公假条。
　　　　Yǒu. Zhè shì gōngjiàtiáo.

王老师：知道　了。多　听听　课文　录音　吧。
　　　　Zhīdào le. Duō tīngting kèwén lùyīn ba.

田　中：谢谢。
　　　　Xièxie.

新出語句 🔊 20

请假 qǐngjià 動 休みをとる
明天 míngtiān 名 明日
下午 xiàwǔ 名 午後
想 xiǎng 助動 ～したい
什么 shénme 代 なに
事 shì 名 事
茶道社 chádàoshè 名 茶道クラブ
有 yǒu 動 ある

表演 biǎoyǎn 動 上演する、実演する
请假条 qǐngjiàtiáo 名 休暇願、欠席願
吗 ma 助 ～か
公假条 gōngjiàtiáo 名 公欠願
知道 zhīdào 動 知っている、わかる
听 tīng 動 聞く
课文 kèwén 名 本文
录音 lùyīn 名 録音

中日漢字対照

请(請)、假(仮)、听(聴)、录(録)

ポイント

1 時間の言い方

早晨	早上	上午	中午	下午	傍晚 ／ 黄昏	晚上
zǎochen	zǎoshang	shàngwǔ	zhōngwǔ	xiàwǔ	bàngwǎn huánghūn	wǎnshang

大前天	前天	昨天	今天	明天	后天	大后天
dàqiántiān	qiántiān	zuótiān	jīntiān	míngtiān	hòutiān	dàhòutiān

大前年	前年	去年	今年	明年	后年	大后年
dàqiánnián	qiánnián	qùnián	jīnnián	míngnián	hòunián	dàhòunián

例：明天下午我想请假。　Míngtiān xiàwǔ wǒ xiǎng qǐngjià.

2 願望の表現 "想" ——「～したい」「～したがる」

例：明天我想请假。　Míngtiān wǒ xiǎng qǐngjià.

3 所持の表現 "有" ——「～がある」「～を持っている」（否定は "没有"）

例：有请假条。　Yǒu qǐngjiàtiáo.

4 動詞の重ね型 ——「～してみる」

例：多听听录音。　Duō tīngting lùyīn.

5 年月日の言い方

～年	～月	～号（日）
nián	yuè	hào　rì

1949年	1997年	2015年
yījiǔsìjiǔ nián	yījiǔjiǔqī nián	èrlíngyīwǔ nián

1 月	4 月	5 月	6 月	10月	12月
yī yuè	sì yuè	wǔ yuè	liù yuè	shíyuè	shí'eryuè

1 号（日）	6 号（日）	8 号（日）	15号（日）	20号（日）
yī hào(rì)	liù hào(rì)	bā hào(rì)	shíwǔ hào(rì)	èrshí hào(rì)

上（个）月	这（个）月	下（个）月	上旬	下旬
shàng (ge) yuè	zhè (ge) yuè	xià (ge) yuè	shàngxún	xiàxún

月初	月底	年初	年底
yuèchū	yuèdǐ	niánchū	niándǐ

練 習

一、ピンインを書き、訳しなさい。

1）什么 ＿＿＿＿＿ ㋭ ＿＿＿＿＿ 2）知道 ＿＿＿＿＿ ㋭ ＿＿＿＿＿

二、ピンインを漢字に直しなさい。

1）míngtiān 2）biǎoyǎn 3）kèwén 4）lùyīn

＿＿＿＿＿ ＿＿＿＿＿ ＿＿＿＿＿ ＿＿＿＿＿

三、下線部を置き換えて、練習してみよう。

1 明天下午我想请假。 Míngtiān xiàwǔ wǒ xiǎng qǐngjià.

去学校　qù xuéxiào
听录音　tīng lùyīn
去京都　qù Jīngdū
上图书馆　shàng túshūguǎn

2 有请假条吗？ Yǒu qǐngjiàtiáo ma？

录音　lùyīn
陶器　táoqì
自行车　zìxíngchē
生日礼物　shēngri lǐwù

3 多听听 录音。 Duō tīngting lùyīn.

想想　xiǎngxiang　　　　大家　dàjiā
去去　qùqu　　　　　　图书馆　túshūguǎn
联系联系　liánxìlianxi　　同学　tóngxué
介绍介绍　jièshàojieshao　中国　Zhōngguó

知っておきましょう

中国語言葉の玉手箱

"请假条"の例文

　休暇願いは責任者に提出する書類で、普通、休みの期間、理由、所属、名前、日付を明記します。また"公假"（gōngjià）、"病假"（bìngjià）と"事假"（shìjià）に分け、証明を必要とする事項があれば、証明書を一緒に添付したほうが丁寧です。例えば学生の場合は、休暇願いを出す時は同時に、医師・病院の診断書や、サークル活動や、教育実習の証明などを一緒に提出するのがよいでしょう。

［例文］

请　假　条

王老师：

　　上星期三我感冒发高烧，没到校上课，特此补假。

　　此致

敬礼！

中文一（2）班　佐藤雅子

附医生证明　　　　　　　　　　　　5月26日

暮らしの中の違い

大学生の生活

　サークル活動は中国では"大学生社团活动"（dàxuéshēng shètuán huódòng）と呼ばれ、日本と同じように大学生活の重要な補充部分です。しかし、日本ほど参加者は多くありません。中国ではいろいろな専門分野の研究グループがあります。例えば、文科系では詩社、劇社、撮影社などで、"爱心社"（Àixīn Shè）のようなボランティアグループは、先生の黒板を拭くことに努めます。また、体育のクラブは選抜試験があり、その成績によって入るので、趣味があるだけで入れるわけではありません。練習も専門的な訓練を行います。

　アルバイトは"打工"（dǎgōng）といい、大学生はあまりやりません。最近増えているようですが、日本ほどではありません。中国の大学はそれ自体が一つの世界で、大学の中に生活の設備がすべて揃っています。だから、土、日曜以外は、放課後もだいたい校内で活動しています。大学生は寮生活が普通で、部屋は13平方メートルぐらいの六〜八人部屋が普通で、女子寮と男子寮に分かれています。

"茶叶" を入れたままか　　　　5月30日

　今日、私は先生の研究室へ私の "请假条"(qǐngjiàtiáo) を出しに行った。茶道部に入っているので、茶道の知識はちょっとだけある。中国に源を発し、唐代の茶道は、すでに日常生活の範囲から超越して高い優雅な精神文化になった。中国は世界のお茶のルーツである。世界では茶という言葉はだいたい二つの発音系統を持っている。その一つ「cha/chai」は中国の北方方言で、日本語、ロシア語でも同じである。もう一つ「te」は中国福建省の発音で、英語、フランス語、スペイン語、ドイツ語などすべてこの系統である、というようなことが本に書いてある。

　先生は、"茶叶"(cháyè) 茶の葉を直接、湯飲みの中に入れて飲む方法でお茶を出してくださった。これは中国の最も一般的な飲み方である。日本では抹茶以外にはこういう飲み方はしない。私は、茶の葉がときどき口の中に入るので、困った。先生に質問したら、そのまま湯飲みに戻してもいいし、食べてもよいと教えてくださった。現代中国ではこの飲み方が最も日常的であり、来客の場合も変わらないとのことだ。

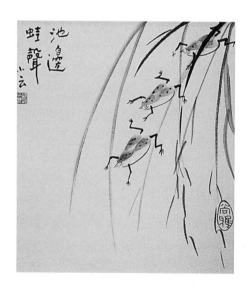

第六课　通　知
Tōngzhī

アプローチ

"下星期三停课。"

　"通知"(tōngzhī) は知らせ、通知するの意味です。口頭と書面の二つの場合があります。どちらの場合も、簡単明瞭な言い方で表現します。しかし、同じ言葉でも日本語になると立場や状況によって、意味内容が少し違うところが出てきます。例えば、"下星期三停课"(xià xīngqīsān tíngkè) の場合、担当の先生の言葉としては「来週の水曜日は休講にします」となりますが、第三者から知らせたり、或いは書面で知らせる場合の意味は、「来週の水曜日は休講です」となります。中国語では一つの表現ですが、それが日本語になると、立場の違いによって自分の意志を表わす場合と客観的な叙述の場合の二つの違った表現になるのです。

　中国の大学にも日本の掲示板のような"布告栏"(bùgàolán) があります。会議や休講や活動や行事など、いろいろの内容にわたって知らせます．ただし、中国の大学では、日本のような「学生呼び出し」の知らせはありません。これは中国の大学生は寮生活ですので、掲示板に出すよりも、直接、寮へ知らせた方が早いからです。逆に、もしこんな呼び出しの依頼を中国の大学に出したら、最近あの人は行方不明なのではないかという噂になってしまうでしょう。中国の場合は口頭で知らせる場合、"请通知田中"(Qǐng tōngzhī Tiánzhōng) より "请告诉田中"(Qǐng gàosu Tiánzhōng) のほうが一般的ですし、また"请转告田中"(Qǐng zhuǎn'gào Tiánzhōng)（伝言して下さい）の表現もよく使います。

本 文 🔊 21

王老师： 同学们， 下 星期三 停课。
Tóngxuémen, xià xīngqīsān tíngkè.

铃木： 王 老师， 那 复习课 还 上 吗?
Língmù Wáng lǎoshī, nà fùxíkè hái shàng ma?

王老师： 当然 上， 下 星期五 补课。
Dāngrán shàng, xià xīngqīwǔ bǔkè.

吉田： 这次 测验 考 到 第 几 课?
Jítián Zhècì cèyàn kǎo dào dì jǐ kè?

王老师： 第 四 课 今天 上完， 就 考 到 第 四 课。
Dì sì kè jīntiān shàngwán, jiù kǎo dào dì sì kè.

松尾： 考 拼音 呢，还是 考 汉字?
Sōngwěi Kǎo pīnyīn ne, háishi kǎo Hànzì?

王老师： 拼音、 汉字 都 考。 大家 好好儿 复习 吧。
Pīnyīn、 Hànzì dōu kǎo. Dàjiā hǎohāor fùxí ba.

新出語句 🔊 22

通知 tōngzhī 動 知らせる
下 xià 名 (順序や時間が) 次の
星期 xīngqī 名 ~曜日、~週、~週間
星期三 xīngqīsān 名 水曜日
停课 tíngkè 動 休講する
那 nà 接 それでは
复习课 fùxíkè 名 復習の授業
上 shàng 動 する
当然 dāngrán 副 もちろん、当然
星期五 xīngqīwǔ 名 金曜日
补课 bǔkè 動 補講する
次 cì 量 回
测验 cèyàn 名 試験
考 kǎo 動 試験する

到 dào 介 ~まで
第 dì 数字の前に置いて、順序を示す
几 jǐ 代 いくつ
课 kè 名 授業
今天 jīntiān 名 今日
完 wán 動 ~し終える
就 jiù 副 それで
拼音 pīnyīn 名 ピンイン
还是 háishi [接] それとも~
汉字 Hànzì 名 漢字
都 dōu 副 すべて、みんな
好好儿 hǎohāor 副 ちゃんと、よく
复习 fùxí 動 復習する
吧 ba 助 文末に置き、軽い命令を表す

中日漢字対照

复(復)、习(習)、补(補)、测(測)、验(験)、几(幾)、汉(漢)

ポイント

1 曜日の言い方

星期～
xīngqī

星期一	星期二	星期三	星期四	星期五	星期六
xīngqīyī	xīngqī'èr	xīngqīsān	xīngqīsì	xīngqīwǔ	xīngqīliù

星期天(日)	星期几	哪个星期
xīngqītiān(rì)	xīngqī jǐ	nǎ ge xīngqī

上(个)星期	这(个)星期	下(个)星期
shàng(ge)xīngqī	zhè(ge)xīngqī	xià(ge)xīngqī

例：下星期三停课。　Xià xīngqīsān tíngkè.

2 接続詞 "那" ── 「では」「それなら」

例：那复习课还上吗？　Nà fùxíkè hái shàng ma?

3 動詞後の "到…" ── 続く動作の終点を表わす。「～まで」

例：这次测验考到第几课？　Zhècì cèyàn kǎo dào dì jǐ kè?

4 順番の言い方

～号　第～
hào　　dì

一号	二号	三号	四号	五号	六号	七号	八号	九号	十号
yī hào	èr hào	sān hào	sì hào	wǔ hào	liù hào	qī hào	bā hào	jiǔ hào	shí hào
第一	第二	第三	第四	第五	第六	第七	第八	第九	第十
dì yī	dì èr	dì sān	dì sì	dì wǔ	dì liù	dì qī	dì bā	dì jiǔ	dì shí

5 結果補語

例：第四课今天上完。　Dì sì kè jīntiān shàngwán.

6 疑問文のまとめ

(Yes-No 疑問文) 例：复习课还上吗？　Fùxíkè hái shàng ma?

(疑問詞疑問文) 例：这次测验考到第几课？　Zhècì cèyàn kǎo dào dì jǐ kè?

(選択疑問文) 例：考拼音呢，还是考汉字？　Kǎo pīnyīn ne, háishi kǎo Hànzì?

練　習

一、ピンインを書き、訳しなさい。

　　1）拼音 _____㊊_____　　　2）汉字 _____㊊_____

二、ピンインを漢字に直しなさい。

　　1）xīngqīsān　　2）dāngrán　　3）cèyàn　　4）fùxí

　　　　_____　　_____　　_____　　_____

三、下線部を置き換えて、練習してみよう。

　　1 那复习课还上吗？　Nà fùxíkè hái shàng ma?
　　　　　汉字　　Hànzì　　　　考　　kǎo
　　　　　录音　　lùyīn　　　　听　　tīng
　　　　　表演　　biǎoyǎn　　　有　　yǒu
　　　　　图书馆　túshūguǎn　　去　　qù

　　2 这次测验考到第四课。　Zhècì cèyàn kǎo dào dì sì kè.
　　　　　二　　èr
　　　　　八　　bā
　　　　　七　　qī
　　　　　十五　shíwǔ

　　3 考拼音呢，还是考汉字？　Kǎo pīnyīn ne, háishi kǎo Hànzì?
　　　　　复习　fùxí　　　　　　预习　yùxí
　　　　　去图书馆　qù túshūguǎn　　去食堂　qù shítáng
　　　　　这星期去　zhè xīngqī qù　　下星期去　xià xīngqī qù
　　　　　吃米饭　chī mǐfàn　　　　吃面包　chī miànbāo

知っておきましょう

中国語言葉の玉手箱

"停课""补课""一节课"

　"停课"(tíngkè)は「休講」、"补课"(bǔkè)は「補講」です。一回当りの授業の単位は"一节课"(yì jié kè)といい、中国では45分で、次の授業との間に10分の休憩があります。普段は一回の授業で"两节课"(liǎng jié kè)をやり、"两节课"連続の場合は、その後、20分の休憩となります。しかし、日本では一回の授業は「一コマ」といい、90分が普通です。休憩時間の取り方も日本とは違いますので、間違えないように覚えましょう。"上课"(shàngkè)は授業を始める、授業に出る。"下课"(xiàkè)は授業が終わることです。

暮らしの中の違い

採点の仕方

　中国の採点法は日本と違って、正しい場合は「✓」、間違ったところは「×」で、部分的な間違いのところは「〇」です。これは日本とちょうど反対でしょう。日本の学生はたいてい「〇」を見て正しい、「✓」を見て間違いと思ってしまいます。

　また、中国の採点は"优"(yōu)は90点から100点まで、"良"(liáng)は80から89点まで、"中"(zhōng)は70点から79点まで、"及格"(jígé)は60点から69点までです。点数は"分数"(fēnshù)で計算し、100点は"100分"(yìbǎi fēn)あるいは"满分"(mǎnfēn)と言います。

雅子さんの日記より

休講を告訴すべきか　　　　　6月6日

　昨日、私は先生の研究室へ、夏休みの中国留学について相談に行った。たまたま、先生は会議中でご不在で、ドアに伝言が貼ってあった。内容は来週、先生は東京で中国語学会があるので、中国語の授業を休講することになる。明日、掲示板にも出すが、念のために、"请告诉大家"（Qǐng gàosu dàjiā）と最後に中国語で書いてあった。"大家"は前に習ったが、みなさんという意味である。しかし、"告诉"は告発するということなのか、休講のことで何故皆さんを告発しなければならないのか、私はわからなくて、今日の授業中、このことを質問した。

　先生ははっとして、実は"告诉"は、中国語の意味は告げる、知らせる、または教えるで、告発の意味はまったくありません。日本の「告訴」の意味とは完全に違います。"告诉"は中国では、人に口頭で知らせる時によく使う普通の言葉だと教えて下さった。なるほど‼

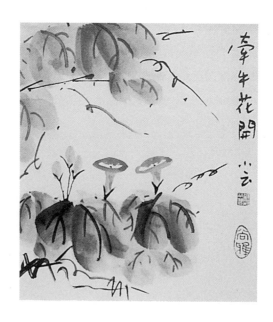

第七课　聊　天
Liáotiān

アプローチ

"你怎么啦？"

　"聊天"(liáotiān)とは世間話です。文字通り、その話題は大空のように無辺です。何についてでも触れることができます。例えば、中国では初対面の人にでも普通の話題として「結婚していますか」「子供は何人いますか」「何歳になりますか」「給料はいくらですか」など、日本人ならとても聞けそうにないような質問を平気でしてしまいます。しかし、その答えを聞いたところで、大して気に留めることもないため、適当に答えてよい、真面目に答える必要はまったくないと考えて置いた方がよいでしょう。このような質問は、日本における天気や趣味の話題と同じように軽いものなのです。更に、親しくなると、同輩や目下の人の現状を気にして、よく"你怎么啦？"(Nǐ zěnme la?)（あなたはどうしたの）と聞きます。

　こうした話題を通じて、いろいろ勉強になることがあります。特に、リラックスした環境で会話もできるし、先生とおしゃべりして、いろいろ中国と日本の違いが分かって来ます。

本 文 🔊 23

王老师：今天　　上课　你　怎么　啦？　没精打采　　的。
　　　　Jīntiān　shàngkè　nǐ　zěnme　la?　Méijīngdǎcǎi　de.

田　中：昨天　　睡　得　太　晚　了。
　　　　Zuótiān　shuì　de　tài　wǎn　le.

王老师：干　　什么　了？
　　　　Gàn　shénme　le?

田　中：昨晚　　打工　打　到　12　点。
　　　　Zuówǎn　dǎgōng　dǎ　dào　shí'èr　diǎn.

王老师：是　吗？　在　哪儿　打工？
　　　　Shì　ma?　Zài　nǎr　dǎgōng?

田　中：在　中国　　菜馆　　打工。我　想　攒　点儿　钱，
　　　　Zài　Zhōngguó　càiguǎn　dǎgōng.　Wǒ　xiǎng　zǎn　diǎnr　qián,

　　　　明年　　去　中国　　留学。
　　　　míngnián　qù　Zhōngguó　liúxué.

王老师：那　也　要　当心　身体，不　能　影响　学习　呀。
　　　　Nà　yě　yào　dāngxīn　shēntǐ,　bù　néng　yǐngxiǎng　xuéxí　ya.

田　中：好。今后　我　一定　注意。
　　　　Hǎo.　Jīnhòu　wǒ　yídìng　zhùyì.

新出語句 🔊 24

聊天 liáotiān 動 おしゃべりする　　　　打 dǎ 動 する
昨天 zuótiān 名 昨日　　　　　　　　是吗 shì ma そうですか
上课 shàngkè 動 授業に出る　　　　　　在 zài 介 ～で、～に
怎么啦 zěnme la どうしたのですか　　　菜馆 càiguǎn 名 レストラン
没精打采 méijīngdǎcǎi　　　　　　　攒 zǎn 動 貯める
　　　　　しょんぼりしている　　　　（一）点儿 (yì) diǎnr 量 少し
睡 shuì 動 寝る　　　　　　　　　　钱 qián 名 お金
得 de 助 様態補語を導く　　　　　　明年 míngnián 名 来年
太～了 tài～le とても～　　　　　　　留学 liúxué 動 留学する
晚 wǎn 形 遅い　　　　　　　　　　要 yào 助動 ～しなければならない
干 gàn 動 する　　　　　　　　　　当心 dāngxīn 動 気をつける
昨晚 zuówǎn 名 昨晩　　　　　　　　身体 shēntǐ 名 からだ
打工 dǎgōng 動 アルバイトをする　　不 bù 副 ～ない、いいえ

能 néng 助動 ～できる　　好 hǎo 形 はい
影响 yǐngxiǎng 動 影響する　　今后 jīnhòu 名 今後
学习 xuéxí 動 学ぶ　　一定 yídìng 副 必ず
呀 ya 助 感嘆を表す　　注意 zhùyì 動 注意する

中日漢字対照

干(幹)、攒(攢)、钱(錢)、响(響)

ポイント

1 様態補語の前の"得"

例：昨天睡得太晚了。　Zuótiān shuì de tài wǎn le.

2 同じ動詞の重複

例：打工打到12点。　Dǎgōng dǎ dào shí'èr diǎn.

3 時刻の言い方

点　分
diǎn　fēn

2：00　两点（钟）　　　5：10　五点十分
　　　 liǎng diǎn (zhōng)　　　　 wǔ diǎn shí fēn

7：15　七点十五分　　12：30　十二点三十分（十二点半）
　　　 qī diǎn shí wǔ fēn　　　　 shí'èr diǎn sānshí fēn (shí'èr diǎn bàn)

例：昨晚打工打到12点。　Zuówǎn dǎgōng dǎ dào shí'èr diǎn.

4 介詞"在" ── 場所を表す。「～で」

例：在哪儿打工？　Zài nǎr dǎgōng?

在中国菜馆打工。　Zài Zhōngguó càiguǎn dǎgōng.

5 不定量の"(一)点儿"

例：攒点儿钱。　Zǎn diǎnr qián.

6 連動文

例：去中国留学。　Qù Zhōngguó liúxué.

7 助動詞"能" ──「～できる」(否定は"不能"「～できない」「～してはいけない」)

例：不能影响学习。　Bù néng yǐngxiǎng xuéxí.

練 習

一、ピンインを書き、訳しなさい。

1) 打工 ＿＿＿＿＿㋐＿＿＿＿＿ 2) 一定 ＿＿＿＿＿㋐＿＿＿＿＿

二、ピンインを漢字に直しなさい。

1) shàngkè   2) shuì   3) wǎn   4) shēntǐ

＿＿＿＿＿ ＿＿＿＿＿ ＿＿＿＿＿ ＿＿＿＿＿

三、下線部を置き換えて、練習してみよう。

1 昨天睡得太晩了。 Zuótiān shuì de tài wǎn le.

想　xiǎng　多　duō

考　kǎo　好　hǎo

等　děng　急人　jírén

听　tīng　高兴　gāoxìng

2 打工 打到12点。 Dǎgōng dǎ dào shí'èr diǎn.

请假　qǐngjià　请　qǐng

等人　děngrén　等　děng

补课　bǔkè　补　bǔ

听录音　tīng lùyīn　听　tīng

3 想攒点儿钱。 Xiǎng zǎn diǎnr qián.

打　dǎ　工　gōng

补　bǔ　课　kè

学　xué　中文　Zhōngwén

听　tīng　录音　lùyīn

知っておきましょう

中国語言葉の玉手箱

世間話の "人间" "出世"

「世間」は日本語では「世の中」の意味で、中国語では "人世间"（rénshìjiān）"世间"（shìjiān）"人间"（rénjiān）とも言います。中国語の "世间" は、日本の「世間」と同じ意味ですが、中国語の "人间" は日本語の「人間」とはまったく違います。例えば有名な李白の漢詩〈山中答問〉（Shānzhōng Dá Wèn）の中に "桃花流水杳然去、別有天地非人间"（Táohuā liúshuǐ yǎorán qù, bié yǒu tiāndì fēi rénjiān）とあります。"非人间" を「人間ではない」「人間の風上にも置けないひどい人」などと訳したら、李白もびっくりするでしょう。この "非人间" は実は、俗世を超越するという中国の道教仏教の "出世"（chūshì）思想から来ています。この "出世" はまた日本語の "出世" とは違います。中国の "出世" には、人がこの世の中に生まれること、人が俗世を超越することという二つの意味があります。日本の「出世」のような、事業成功の意味とはまったく違います。

暮らしの中の違い

会話の身振り

挨拶、お札、謝罪などの時、中国では日本のようなお辞儀をしないことは、前述した通りですが、更に会話中、日本語の「はい」という応答もしません。これは非常に固い感じを与えます。むしろ真剣な顔をして黙って聞いていた方が、話し手を安心させます。更に、人の話にうなづきながら聞く人もいますが、これは中国人から見ると、不自然に感じたり、気持ちを焦らせることもあります。こうした反応の違いは、よく知っていないと誤解することがあるので、注意しましょう。

"紅白事" の逆現象　　　　　7月6日

　今日、高君がびっくりすることを教えてくれた。大学の向かいに改装して新しくオープンするパン屋があるが、そこで葬式をやっているというのだ。えー、私はびっくりした。早速一緒に見に行った。「なんだ、これはオープンの御祝いをやっているだけじゃないの。」入り口の両側には鮮やかな色の花輪を飾ってあり、中に「祝」の文字も見られた。

　高君はなるほど、とやっと判ったようだ。いつもバスで通る道にパチンコ屋があるが、よくこのような花輪を飾っているし、「天国」という字も書いてあるので、高君はすっかり葬式業も同時に経営しているのかと思い込んでいたのだ。中国ではお葬式の時、日本のような真っ白の花輪は使わず、金や銀や五色の花を混ぜた花輪を、葬式の入り口の両側に立てて飾るからだ。

　また、中国で"紅白事"（hóngbáishì）というのは、祝儀不祝儀のこと、即ち紅は祝儀、白は不祝儀を表わす。例えば、服装に関して言えば、結婚式の時は赤系の暖色で祝意を表わし、男女とも明るい洋服を着て参加する。日本人の男性のように黒い服で白ネクタイの姿は想像もできないことらしい。高君は日本で最初、結婚式を見た時も大きなショックを受けたことがあると言っていた。

第八课　拜　访
Bàifǎng

アプローチ

"王老师在吗？"

　中国では人を訪ねる時たいてい、ノックしながら、訪ねる人の名前を呼びかけます。子供達の間でも同じことです。例えば、王先生を訪ねる時は"王老师在吗？"(Wáng lǎoshī zài ma?)(王先生はいらっしゃいますか)と聞きます。呼ばれた人は応答してドアをあけます。

　その応答にはいろいろありますが、あらかじめ約束がある時や、よく付き合いのある関係の人なら"在，请进"(Zài, qǐng jìn)(どうぞ、お入りなさい)と誘い入れます。あるいは迎えて"你（们）来了，快请进"(Nǐ (men) lái le, kuài qǐng jìn)と歓迎します。もっと丁寧な場合は、迎える方が"欢迎欢迎"(Huānyíng huānyíng)と入り口まで出向いて家へ誘い入れます。もし突然の訪問で、訪問を受けた人が不在の場合は、"不在，你是谁呀？"(Bú zài, nǐ shì shuí ya?)(いませんが、どちら様ですか)、"不在，有事吗？"(Bú zài, yǒu shì ma?)(いませんが、何か用事がありますか)、また全然知らない家に入って道をたずねる時は、"屋里有人吗？"(Wūli yǒu rén ma?)(どなたか、居られますか)と聞きます。

　しかし、日本のように、玄関から部屋に上がらなければならない時、「お邪魔します」「失礼します」という言い方はしません。特に「失礼します」という言葉は、中国人にとって理解し難いものです。何か変なことをしたから、今こちらの家までわざわざ謝りに来ているのではないかと思ってしまいます。約束のある場合はもとよりのことで、仮に約束がなくても、そこまで遠慮する必要はありません。むしろ、逆に訪ねられた人に緊張感を与える恐れがあるので、人の家に入った時は、普通の挨拶だけで十分です。

田　中：王 老师 在 吗？
　　　　Wáng lǎoshī zài ma?

王老师：在。是 你们 啊， 快 进 屋里 来 吧。
　　　　Zài. Shì nǐmen a, kuài jìn wūli lai ba.

村　上：王 老师， 上次 测验 我 只 考了 49 分， 没 及格。
Cūnshàng Wáng lǎoshī, shàngcì cèyàn wǒ zhǐ kǎole sìshijiǔ fēn, méi jígé.

王老师：是 啊， 要 重视 了。
　　　　Shì a, yào zhòngshì le.

田　中：他 还 拿 得 到 学分 吗？
　　　　Tā hái ná de dào xuéfēn ma?

王老师：测验 成绩 算 平时 成绩， 还 有 期末 考试 呢。
　　　　Cèyàn chéngjì suàn píngshí chéngjì, hái yǒu qīmò kǎoshì ne.

村　上：如果 期末 考试 成绩 好 的话， 能 通过 吗？
　　　　Rúguǒ qīmò kǎoshì chéngjì hǎo dehuà, néng tōngguò ma?

王老师：有 可能。
　　　　Yǒu kěnéng.

村　上：现在 努力 的话， 来得及 吗？
　　　　Xiànzài nǔlì dehuà, láidejí ma?

王老师：只要 好好儿 学， 就 来得及。
　　　　Zhǐyào hǎohāor xué, jiù láidejí.

村　上：我 一定 好好儿 学下去！
　　　　Wǒ yídìng hǎohāor xuéxiaqu!

新出語句 🔊 26

拜访 bàifǎng 動 お訪ねする
在 zài 動 (～に)いる
快 kuài 形 はやい
进 jìn 動 入る
屋 wū 名 部屋
里 lǐ 名 なか
上次 shàngcì 名 前回
只 zhǐ 副 ただ、～だけ

分 fēn 名 点
及格 jígé 動 合格する
重视 zhòngshì 動 重視する
拿到 nádào 動 手に入れる
学分 xuéfēn 名 履修単位
成绩 chéngjì 名 成績
算 suàn 動 ～と見なす
平时 píngshí 名 ふだん

期末 qīmò 名 期末
考试 kǎoshì 名 試験
如果～的话 rúguǒ ～ de huà
　　　　　 もし～ならば
通过 tōngguò 動 通る
可能 kěnéng 名 可能性

现在 xiànzài 名 今
努力 nǔlì 動 努力する
只要～就 zhǐyào ～ jiù ～さえすれば～
来得及 láidejí 動 間に合う
学 xué 動 学ぶ

中日漢字対照

拜(拝)、访(訪)、进(進)、视(視)、绩(績)、时(時)、试(試)、话(話)、过(過)、
现(現)

ポイント

1 方向補語

	上 shàng	下 xià	进 jìn	出 chū	回 huí	过 guò	起 qǐ
来 lái	上来 shànglai	下来 xiàlai	进来 jìnlai	出来 chūlai	回来 huílai	过来 guòlai	起来 qǐlai
去 qù	上去 shàngqu	下去 xiàqu	进去 jìnqu	出去 chūqu	回去 huíqu	过去 guòqu	—

　例：快进屋里来吧。 Kuài jìn wūli lai ba.

　　　我一定好好儿学下去！ Wǒ yídìng hǎohāor xuéxiaqu!

2 助動詞"要"——「～しなければならない」

　例：要重视了。 Yào zhòngshì le.

3 可能補語の前の"得/不"——「～できる／～できない」

　例：拿得到学分吗？ Ná de dào xuéfēn ma?

4 仮定関係の表現"如果…的话"——「もし～すれば、～」

　例：如果成绩好的话，能通过吗？ Rúguǒ chéngjì hǎo dehuà, néng tōngguò ma?

5 条件関係の表現"只要…就"——「～さえすれば、～」

　例：只要好好儿学，就来得及。 Zhǐyào hǎohāor xué, jiù láidejí.

練 習

一、ピンインを書き、訳しなさい。

1）及格 ＿＿＿＿＿㊓＿＿＿＿＿　　2）学分 ＿＿＿＿＿㊓＿＿＿＿＿

二、ピンインを漢字に直しなさい。

1）píngshí　　2）kǎoshì　　3）xiànzài　　4）nǔlì

＿＿＿＿＿＿　　＿＿＿＿＿＿　　＿＿＿＿＿＿　　＿＿＿＿＿＿

三、下線部を置き換えて、練習してみよう。

1 还拿得到学分吗？　Hái ná de dào xuéfēn ma?

　　　录音　lùyīn

　　　成绩　chéngjì

　　　公假条　gōngjiàtiáo

　　　生日礼物　shēngri lǐwù

2 如果成绩好的话，能通过吗？　Rúguǒ chéngjì hǎo dehuà, néng tōngguò ma?

　　　努力　nǔlì

　　　补课　bǔkè

　　　好好复习　hǎohao fùxí

　　　多听录音　duōtīng lùyīn

3 只要好好儿学，就来得及。　Zhǐyào hǎohāor xué, jiù láidejí.

　　　不迟到　bù chídào

　　　平时努力　píngshí nǔlì

　　　测验及格　cèyàn jígé

　　　不影响学习　bù yǐngxiǎng xuéxí

知っておきましょう

中国語言葉の玉手箱

"学分"と"単位"

　日本の大学の「単位」は、中国では"学分"(xuéfēn)と言います。中国語の"単位"(dānwèi)にはいろいろの意味があり、計量の単位の他に、勤め先や団体などを指すこともあります。日本の学生がよく言う「単位がほしい」をそのまま中国語で"我要単位"(Wǒyàodānwèi)と訳すれば、勤め先がほしいという意味になります。つまり学業を辞めて就職したいとしか受け取れません。

暮らしの中の違い

"老师"は「先生」か

　中国では学校の「先生」は、大学、中学校、小学校を通じて"老师"(lǎoshī)と呼び、教師に対する敬称で、「年を取った」"老"の意味は全くありません。ただし、高校や大学では「○先生」などとも呼びます。一般に"先生"(xiānsheng)は、中国では男性に対する敬称で、日本の「○さん」の意味として使います。いずれも必ず前に姓を付ける習慣です。しかし姓を付けない場合もあり、これは、人の夫や自分の夫を呼称する時です。例えば、ある人の奥さんに"这位是你的先生吗?"(Zhèwèishìnǐdexiānshengma?)と言う場合は、日本語の「先生」ではなく「ご主人」の意味です。その答えは、肯定の場合なら"对，是我的先生"(Duì, shìwǒdexiānsheng)（はい、私の主人です）となります。つまり自分の「主人」も他人の「ご主人」も同じように「先生」を使います。また、奥さんは"夫人"(fūrén)ですが、これも他人の場合も自分の場合も同じです。さらに、奥さん、主人、両方とも"爱人"(àirén)と言う言い方も中国では一般的です。ちなみに、日本語の「愛人」は中国では"情人"(qíngrén)と言います。また中国では、医者のことを普通は"先生"と言わずに"医生"(yīshēng)"大夫"(dàifu)と言うことも付け加えておきましょう。

"分东西"は東西に分けず　　　　　9月1日

　　今日、中国の上海雑技団のサーカスがあり、私は高君を誘って一緒に自転車で見に行った。私は一回しか行ったことがないので、地図を用意していた。途中で道に迷ってしまった。慌てて、かばんの中の地図を探していると、高君が"你在找东西吗?"（Nǐ zài zhǎo dōngxi ma?）（何を探しているの）と聞いたので、"是啊，我分不清东西了"（Shì a, wǒ fēnbuqīng dōng xī le）（そうよ。私、西か東か分からなくなったの）と答えると、"我帮你找吧"（Wǒ bāng nǐ zhǎo ba）（一緒に探してあげよう）と言って、高さんは何と私のかばんの中を探し始めた。

　　私は方向の東西のことを言ったのに、何でかばんの中を一緒に探すのかと不思議に思い、私は「何故？」と聞いた。高君も不思議な顔をして、だいぶ考えてから私の"东西"の発音の間違いを指摘した。"东西"は方向の意味では日本語と同じように、東西南北の方向であるが、また中国語では「品物」の意味もある。その区別は前者は「西」の発音が第一声で、後者は軽声であるが、これは会話の中では分別しにくい。私の発音が正確でないので、高君は聞き間違ったのだ。

　　さらに、"东西"とは人を罵る場合にも使い、"你是什么东西！"（Nǐ shì shénme dōngxi！）というと、つまり人を物と同一視して「一体、人間か」という意味になるそうだ。

第九課　邀　请
Yāoqǐng

アプローチ

"我们想请您参加。"

　"邀请"(yāoqǐng) は招待する、誘うの意味です。口頭と書面の両方の場合があります。口頭の場合は、"请您(你)参加"(Qǐng nín (nǐ) cānjiā)（参加をして下さい）という言葉を用い、"参加"の後には参加する内容を付け加えることもあります。例えば、"请您参加我们的活动"(Qǐng nín cānjiā wǒmen de huódòng) などです。あるいは "想"(xiǎng)（～したい）を入れると、こちらの気持ちを婉曲に伝えます。また、中国では個人を誘う時、"您(你)有空吗?"(Nín (nǐ) yǒu kòng ma?)（お暇がありますか）、"有时间吗?"(Yǒu shíjiān ma?)（時間がありますか）とよく聞きます。しかし、日本では「お暇がありますか」と尋ねるより、まず相手の都合がいいかどうかを聞くのが普通です。例えば、「御都合はいかがですか」という言葉です。ちなみに、この言葉を中国語で訳すと、"你方便吗?"(Nǐ fāngbiàn ma?) となります。これは「お手洗いはいかがですか」という意味にも訳すことができるので、時と場合によっては大変失礼なことになります。

　"请帖"(qǐngtiē)"请柬"(qǐngjiǎn) は招待状です。個人的、あるいは公的な招待状です。まず、誘いたい相手の名前を入れ、敬称や肩書きを書きます。真ん中には行事の内容、時間を書いてから、最後に "务请参加"(Wù qǐng cānjiā) と書くと、招待の気持ちを強く表します。

本　文 🔊 27

佐　藤：王 老师，11 月　中旬　有　校园　文化节，我们
Zuǒténg　Wáng lǎoshī, shíyī yuè zhōngxún yǒu　xiàoyuán wénhuàjié, wǒmen

　　　　想　请　您　参加，行　吗?
　　　　xiǎng qǐng nín cānjiā, xíng ma?

王老师：什么　活动?
Shénme huódòng?

田　中：包　饺子。我们　想　开个　饺子馆。
Bāo jiǎozi. Wǒmen xiǎng kāi ge jiǎoziguǎn.

王老师：我　一定　参加。你们　包过　饺子　吗?
Wǒ yídìng cānjiā. Nǐmen bāoguo jiǎozi ma?

佐　藤：包过　一　次，可是　包　得　不　太　好。
Bāoguo yí cì, kěshì bāo de bú tài hǎo.

王老师：会　擀　皮儿　吗?
Huì gǎn pír ma?

田　中：不　会，买　现成　的。
Bú huì, mǎi xiànchéng de.

王老师：那　不　行。今天　晚上　我　教　你们。
Nà bù xíng. Jīntiān wǎnshang wǒ jiāo nǐmen.

佐　藤：那　太　好　了。我　去　准备　材料。
Nà tài hǎo le. Wǒ qù zhǔnbèi cáiliào.

新出語句 🔊 28

邀请 yāoqǐng 動 招く

月 yuè 名 月

中旬 zhōngxún 名 中旬

校园 xiàoyuán 名 キャンパス

文化节 wénhuàjié 名 文化祭

请 qǐng 動 〜してもらう

参加 cānjiā 動 参加する

行 xíng 形 よろしい

活动 huódòng 名 活動

包 bāo 動 包む

饺子 jiǎozi 名 ギョーザ

开 kāi 動 開く

馆 guǎn 名 店

过 guò 助 〜したことがある

可是 kěshì 接 しかし

不太〜 bútài 副 あまり〜でない

会 huì 助動 〜できる

擀皮儿 gǎnpír 皮をのばす

买 mǎi 動 買う

现成 xiànchéng 名 できあいの、既製の

教 jiāo 動教える　　　　　　　　　材料 cáiliào 名材料
准备 zhǔnbèi 動準備する

园(園)、节(節)、动(動)、包(包)、开(開)、个(個)、买(買)、准(準)、备(備)

ポイント

1 兼語文

例：请您参加。　Qǐng nín cānjiā.

2 経験の "过" ──「～したことがある」

例：你们包过饺子吗？　Nǐmen bāoguo jiǎozi ma?

3 名量詞と動量詞

名量詞：　一个人　　　两只猫　　　三本书　　四把椅子　　五张桌子
　　　　　yí ge rén　liǎng zhī māo　sān běn shū　sì bǎ yǐzi　wǔ zhāng zhuōzi

動量詞：　一回　　　　两次　　　　三趟　　　四遍　　　　五场
　　　　　yì huí　　　liǎng cì　　　sān tàng　　sì biàn　　　wǔ chǎng

4 動量補語

例：包过一次。　Bāoguo yí cì.

5 　助動詞 "会" ──「～できる」

例：会擀皮儿吗? 　Huì gǎn pír ma?

練　習

一、ピンインを書き、訳しなさい。

1）校园 ＿＿＿＿＿＿＿㊙＿＿＿＿＿＿　　2）饺子 ＿＿＿＿＿＿＿㊙＿＿＿＿＿

二、ピンインを漢字に直しなさい。

1）cānjiā　　　2）kěshì　　　3）zhǔnbèi　　　4）cáiliào

＿＿＿＿＿＿＿　　＿＿＿＿＿＿＿　　＿＿＿＿＿＿＿　　＿＿＿＿＿＿＿

三、下線部を置き換えて、練習してみよう。

1　<u>11月中旬</u>有校园文化节。　　Shíyī yuè zhōngxún yǒu xiàoyuán wénhuàjié.

　　　2月上旬　èr yuè shàngxún

　　　10月下旬　shí yuè xiàxún

　　　下个月初　xià ge yuèchū

　　　今年年底　jīnnián niándǐ

2　我们想开个<u>饺子馆</u>。　　Wǒmen xiǎng kāi ge jiǎoziguǎn.

　　　考　kǎo　　　100分　yìbǎi fēn

　　　拿　ná　　　茶杯　chābēi

　　　请　qǐng　　　公假　gōngjià

　　　买　mǎi　　　苹果　píngguǒ

3　<u>包</u>过一次。　　Bāoguo yí cì.

　　　考　kǎo

　　　听　tīng

　　　买　mǎi

　　　等　děng

知っておきましょう

中国語言葉の玉手箱

中国の"节日"と"祭日"

　中国の"节日"（jiérì）は祝祭日です。毎年国民の統一休みは、元旦1月1日（1日）、春節旧正月（3日間）、労働節5月1日（1日）、国慶節10月1日（2日間）です。そのほか、特殊な休みもいろいろあります。例えば、女性だけの"三八妇女节"（Sān Bā Fùnǚ Jié）3月8日、子供だけの"六一儿童节"（Liù Yī Értóng Jié）6月1日などが休日です。中国の"祭"（jì）という字は祖先を祭ったり、弔いをする意味で、日本語の祭りとは意味が違います。"祭日"（jìrì）という言い方は中国人から見ると、だれか死んだ人の記念日と思ってしまいます。中国語に"祭百日"（jì bǎirì）という言葉がありますが、これは死後100日目の墓祭りです。

暮らしの中の違い

"饺子"・"乌龙茶"

　食物は地域によって好みの差があります。餃子は主に中国の北方で好んで食べ、特に北京、山東などでは正月にはなくてはならないものです。もちろん日常の生活でも餃子が出ます。北方は「面」文化、南方は「米」文化といえるでしょう。上海を含む華南では、餃子はあまり食べず、ワンタンの方を好みます。特に、正月には"汤园"（tāngyuán）または"年糕"（niángāo）を食べるのが一般的で、北方とは違った食習慣が見られます。"汤园"は円満の意味、"年糕"の"糕"の発音は"年年高"（nián nián gāo）の"高"と同じで、縁起がいいとされています。

　また、「これが私の好きなお茶です」と中国人が言っても、地方によって全然好みが違います。日本ではコマーシャルのせいか、中国人はみんな烏龍茶が好きだと勘違いしています。実は烏龍茶は福建人が好むもので、上海人は碧螺春、毛峰、龍井などの緑茶、北京人はジャスミン茶、広東人は紅茶です。烏龍茶の中国茶全体に占めるシェアはわずか3％に過ぎませんが、緑茶は44％で、中国を代表するお茶です。これは日本の方々には意外な数字かもしれません。

"买" それとも "卖"　　　　　　　9月2日

　今日、私と田中君は、中国語の参考書と CD を買いにいこうと高君を誘った。昨日高君と学校で会えなかったので、電話をしたが、留守なので、取り敢えず会う時間と本屋へ行くことだけメッセージに入れておいた。午後一時になると、時間通りに高君が来た。"今天打算去书店干什么？"(Jīntiān dǎsuàn qù shūdiàn gàn shénme?)と聞かれたので、私は "去买中文参考书"(Qù mǎi Zhōngwén cānkǎoshū)と答えると、高君は "去卖中文参考书？"(Qù mài Zhōngwén cānkǎoshū?)と驚いた。発音が変なのだろうと思って、田中君がもう一度声調に気を付けて言いなおした。高君は笑った。私も田中君も二人とも間違っていたのだ。

　"买""卖"はピンインは同じでも、前者は第三声、後者は第四声という発音の差がある。また日本の「売買」は中国語の "买卖"(mǎimài)とは逆の文字順序である。田中君は日本語の順序で発音したので、ちょうど逆になってしまった。私達の発音によると、これから中国語の参考書を買いに行くのではなく、売りに行くことになり、高君はびっくりしたわけだ。

第十课　巧　遇
Qiǎoyù

アプローチ

"好久没见了。"

　"巧遇"(qiǎoyù)とは、思いがけなくめぐり会うことです。そんな時、中国ではよく挨拶語として、"好久没(不)见了"(Hǎojiǔ méi(bú) jiàn le)(お久しぶりです)(御無沙汰いたしております)と言います。この場合の"好"は「いい」の意味ではなく「とても」の意味で、数量の多いことを強調しています。中国語には日本語のような敬語や丁寧語はないので、"好久没(不)见了"はだれに対してでも同じ言葉が使えます。

　一般的には、先ず相手の名前を呼んでからこの言葉を使います。その後で「お元気ですか」「お忙しいですか」などという挨拶が続き、お互いに関心のある話題に入ります。あるいは、初対面や世間話の時と同じように、何でも聞いたり話したりして、特に制約はありません。また、"去哪儿?"(Qù nǎr?)(何処へ行きますか)、"干什么？"(Gàn shénme?)(何をしますか)など、平気で聞いたりしますが、それは挨拶の一種であり、お互いに親しみを持っていることを表します。従ってその時の答えは、適当に簡単に答えてよいのです。真面目に応対すると、かえって煩わしく感じられるかも知れません。また、日本のように天気や時候の話は、話題にする習慣がないことは前にも述べた通りです。

田　中：王　老师!
　　　　Wáng　lǎoshī!

王老师：嗳,　　田中!
　　　　Āi,　　Tiánzhōng!

田　中：这　不　是　高　小华　吗?　好久　没　见　了。
　　　　Zhè　bú　shì　Gāo　Xiǎohuá ma?　Hǎojiǔ　méi　jiàn　le.

高小华：是　呀,　真　巧。　听说　你　想　去　中国　留学?
　　　　Shì　ya,　zhēn　qiǎo.　Tīngshuō nǐ　xiǎng　qù　Zhōngguó liúxué?

田　中：是　的。所以　每天　忙着　呢。又　要　背　中文
　　　　Shì　de.　Suǒyǐ　měitiān mángzhe　ne.　Yòu　yào　bèi　Zhōngwén

　　　　单词,　又　要　练　会话。
　　　　dāncí,　yòu　yào　liàn　huìhuà.

高小华：中文　难　吗?
　　　　Zhōngwén nán　ma?

田　中：难　啊,　特别　是　会话,　最　难　了。
　　　　Nán　a,　tèbié　shì　huìhuà,　zuì　nán　le.

王老师：你　可以　找　高　小华　练练　嘛。
　　　　Nǐ　kěyǐ　zhǎo　Gāo　Xiǎohuá liànlian　ma.

高小华：对　呀,　改天　来我　宿舍 玩,　我　教　你　会话。
　　　　Duì　ya,　gǎitiān　lái wǒ　sùshè wán,　wǒ　jiāo　nǐ　huìhuà.

田　中：那　太　谢谢　了,　一言为定。
　　　　Nà　tài　xièxie　le,　yìyánwéidìng.

巧遇 qiǎoyù 動 出くわす	每天 měitiān 名 毎日
嗳（哎）āi 感（意外や不満の意を表す）	忙 máng 形 忙しい
おや	又～又～ yòu～yòu～ ～また～
好久 hǎojiǔ 形 長い間	背 bèi 動 暗唱する
真巧 zhēnqiǎo ちょうど都合よく	中文 Zhōngwén 名 中国語
听说 tīngshuō 動 聞くところによると	单词 dāncí 名 単語
～だ	练 liàn 動 練習する
所以 suǒyǐ 接 だから	会话 huìhuà 名 会話

难 nán 形 難しい
特别 tèbié 副 とくに、とりわけ
最 zuì 副 もっとも
可以 kěyǐ 助動 ～してもよい
找 zhǎo 動 訪ねる、さがす
嘛 ma 助 ある種の感情・気分を表す

对 duì 形 正しい、その通りだ
改天 gǎitiān 名 後日、近いうちに
宿舍 sùshè 名 宿舎
玩 wán 動 遊ぶ
一言为定 yìyánwéidìng
いったん口にしたら必ず守る

中日漢字対照

单(単)、词(詞)、练(練)、难(難)、别(別)、改(改)、舍(舎)、为(為)

ポイント

1 反語文 ── 「～ではないか」

例：这不是高小华吗？　Zhè bú shì Gāo Xiǎohuá ma？

2 "听说…" ── 「聞くところによると、～だそうだ」「～だそうだ」

例：听说你想去中国留学？　Tīngshuō nǐ xiǎng qù Zhōngguó liúxué？

3 "所以…" ── 「だから～」

例：所以每天忙着呢。　Suǒyǐ měitiān mángzhe ne.

4 "又…又…" ── 「～したり、～したりする」「～もするし、～もする」

例：又要背中文单词，又要练会话。
Yòu yào bèi Zhōngwén dāncí, yòu yào liàn huìhuà.

5 助動詞 "可以" ── 「～できる」「～してもいい」

例：可以找高小华练练嘛。　Kěyǐ zhǎo Gāo Xiǎohuá liànlian ma.

6 二重目的語

例：我教你会话。　Wǒ jiāo nǐ huìhuà.

一、ピンインを書き、訳しなさい。

1）每天 ＿＿＿＿＿ 訳 ＿＿＿＿＿　　2）中文 ＿＿＿＿＿ 訳 ＿＿＿＿＿

二、ピンインを漢字に直しなさい。

1）máng 　　　2）dāncí 　　　3）zuì 　　　4）kěyǐ

＿＿＿＿＿　　　＿＿＿＿＿　　　＿＿＿＿＿　　　＿＿＿＿＿

三、下線部を置き換えて、練習してみよう。

1　又要背中文单词， 又要练会话。
Yòu yào bèi Zhōngwén dāncí, yòu yào liàn huìhuà.

学习　xuéxí 　　　　　打工　dǎgōng

等人　děngrén 　　　　等车　děngchē

考拼音　kǎo pīnyīn 　　考汉字　kǎo Hànzì

拿学分　ná xuéfēn 　　　攒点儿钱　zǎndiǎnr qián

2　可以找高小华练练嘛。　Kěyǐ zhǎo Gāo Xiǎohuá liànlian ma.

他　tā

老师　lǎoshī

同学　tóngxué

田中　Tiánzhōng

3　我教你会话。　Wǒ jiāo nǐ huìhuà.

中文　Zhōngwén

拼音　pīnyīn

擀皮儿　gǎn pír

包饺子　bāo jiǎozi

知っておきましょう

中国語言葉の玉手箱

微妙な"真巧"

　"真巧"(zhēn qiǎo)は、偶然に折よく、という意味の言葉です。しかし、この言葉は「実に器用だ」という風に、優れた度合をほめる時にも使います。すなわち、ばったり思いがけない人と会ったり、物事がうまく調子よく行ったりする時にも使い、ちょうど折よく、という意味を表します。その反対語は"真不巧"(zhēn bù qiǎo)といい、「あいにく」という意味になります。

暮らしの中の違い

おかげさまで？

　日本ではよく、「お元気ですか」という言葉の答えとして、「おかげさまで」と言います。「おかげさまで」は中国語で言うと"托您的福"(Tuō nín de fú)です。しかし、本当にその人にお世話になった場合は別として、日本では何のかかわりもない人にも平気で「おかげさまで」ということが多いでしょう。特に、あまり親しくもない人に「おかげさまで」と答えられたら、中国では、からかわれているような気がするか、あるいは、言葉に誠意のない人だと思ってしまうでしょう。

親子の関係は変わるのか　　　　　9月15日

　今日は週末。私は高君と田中君を家へ誘った。家には父と母だけで、田中君は何度も来たことがあるので、気楽にしてもらえると思った。母は二人が座ってから「お父さん」と二階の父を呼んだ。父が降りて来て、「高君、ようこそ」とまず高君に声を掛けた。初対面の高君は父に「おじいさん、こんばんは」と挨拶したので、母が「おじさんですよ。まだおじいさんにはなっていませんよ」と言った。

　その後、父が「お母さん、お茶ください」と台所の母に声を掛けた。すると高君はちょっとびっくりしたようだった。そして、夕食の時、高君は「佐藤さん、おばあさんは」と聞くので、「おばあさんは去年亡くなったわ」と答えると、今度は「お父さんは」と聞くので、「私だよ」と父が答えると、高君は何だかわけのわからないような顔をした。

　中国では、結婚しても夫婦の呼称はかわらない。たとえ孫がいても、親子関係の呼び方は変わらない。すなわち自分の父親に向かってはあくまで「お父さん」であり、その場に自分の子供がいても、「おじいさん」と呼び掛けることはない。ただし、子供に向かって「お父さんにこれを渡して」「おじいさんにあげて」など、子供の立場に立って言う場合は別だ。中国では呼び掛けはいつも自分が中心である、ということが原則だということが改めてわかった。だから、さっきの父と母との間の呼び掛け合いに対して、高君がびっくりした顔をしたのには、やはり理由があったのだ。

第十一课　聚　餐
Jùcān

アプローチ

"为大家的健康干杯！"

　中国では、日本と同じように会食が時々あります。コンパやパーティーなどですが、それでも日本ほど多くはありません．個人的にはときどき何らかの名目で友人にご馳走します。しかし、特別な招待の場合は勿論のこと、ちょっとした外食でも「割り勘」の習慣はほとんどありません。特に、友人の場合は「割り勘」は何か冷たい感じすら与えてしまいます。よそよそしいか、あるいは軽蔑されたような感じになってしまうのです。

　友人に支払ってもらった場合は、もし感謝の意を表したければ、なにか別の機会に自分が支払えばいいのです。従って、切符売り場やレストランなどで、中国人同士が争って支払おうとしている場面に行き当ることは稀ではありません。だんだん国際化されつつある現在、中国でも若い人の間では次第に変わっていくと思いますが、今のところはその場で「割り勘」の清算をするのは、まだあまり見掛けません。

　会食の時、よく"为大家的健康干杯！"(Wèi dàjiā de jiànkāng gānbēi!) (皆さんの健康のために乾杯) と言います。もちろん"健康"のところに"友谊"(yǒuyì)"成功"(chénggōng) など、別の言葉を入れることもできます。これは日本と同じです。

本 文 🔊 31

佐 藤： 田中， 今天 真 热闹， 出席 的 人 真 多 啊。
Tiánzhōng, jīntiān zhēn rènao, chūxí de rén zhēn duō a.

田 中：是 啊， 前 几 届 的 校友 也 来了 不 少。
Shì a, qián jǐ jiè de xiàoyǒu yě láile bù shǎo.

佐 藤：哟， 高 小 华 已经 来 了。 我们 坐 到 他 那边
Yō, Gāo Xiǎohuá yǐjīng lái le. Wǒmen zuò dào tā nèibiān

去 吧。
qù ba.

田 中：喂， 高 小 华， 你 那边 坐 得 下 吗?
Wèi, Gāo Xiǎohuá, nǐ nèibiān zuò de xià ma?

高小华：已经 坐 不 下 了。
Yǐjīng zuò bu xià le.

佐 藤：那 我们 就 坐 在 这里 吧。
Nà wǒmen jiù zuò zài zhèli ba.

田 中：啊， 王 老师 来 了。
Ā, Wáng lǎoshī lái le.

佐 藤：大家 安静 一下， 请 王 老师 讲 几 句 话。
Dàjiā ānjìng yíxià, qǐng Wáng lǎoshī jiǎng jǐ jù huà.

王老师：今天 大家 欢聚一堂， 我 很 高兴。 为 大家 的
Jīntiān dàjiā huānjùyìtáng, wǒ hěn gāoxìng. Wèi dàjiā de

健康 干杯!
jiànkāng gānbēi!

同学们： 干杯!
Gānbēi!

新出語句 🔊 32

聚餐 jùcān 動 会食する	少 shǎo 形 少ない
热闹 rènao 形 にぎやかだ	哟 yō 感 おや、あら、あっ
出席 chūxí 動 出席する	已经 yǐjīng 副 すでに、もう
届 jiè 量 回、期	坐 zuò 動 座る
校友 xiàoyǒu 名 同窓生、校友	那边 nèibiān 代 そこ、その辺り

喂 wèi 感 おい、もしもし

坐得下 zuòdexià 座ることができる

坐不下 zuòbuxià 座ることができない

这里 zhèli 代 ここ

安静 ānjìng 形 静かだ

讲 jiǎng 动 話す

句 jù 量 言葉や詩文の区切りを数える

话 huà 名 話

欢聚一堂 huānjùyìtáng 一堂に楽しく集う

为 wèi 介 〜のために

健康 jiànkāng 名 健康

干杯 gānbēi 动 乾杯する

中日漢字対照

热(熱)、哟(喲)、边(边)、讲(講)、欢(歡)、干(乾)

ポイント

1 "已经…了" ——「すでに〜」

例：高小华已经来了。 Gāo Xiǎohuá yǐjīng lái le.

已经坐不下了。 Yǐjīng zuò bu xià le.

2 動詞後の "在…" —— 動作の結果の到着点を表す。「〜に」

例：那我们就坐在这里吧。 Nà wǒmen jiù zuò zài zhèli ba.

3 介詞 "为" ——目的を表す。「〜ために、〜」

例：为大家的健康干杯！ Wèi dàjiā de jiànkāng gānbēi!

練　習

一、ピンインを書き、訳しなさい。

　　1）热闹 _____ 訳 _____　　　2）校友 _____ 訳 _____

二、ピンインを漢字に直しなさい。

　　1）yǐjīng　　　　2）ānjìng　　　　3）jiànkāng　　　　4）gānbēi

　　_____　　　　_____　　　　_____　　　　_____

三、下線部を置き換えて、練習してみよう。

　　1　已经坐不下了。　Yǐjīng zuò bu xià le.

　　　　　回　huí　　　　来　lái

　　　　　出　chū　　　　去　qù

　　　　　买　mǎi　　　　起　qǐ

　　　　　吃　chī　　　　下　xià

　　2　你那边坐得下吗？　Nǐ nèibiān zuò de xià ma?

　　　　　睡　shuì　　　　下　xià

　　　　　买　mǎi　　　　到　dào

　　　　　出　chū　　　　去　qù

　　　　　走　zǒu　　　　过去　guòqù

　　3　那我们就坐在这里吧。　Nà wǒmen jiù zuò zài zhèli ba.

　　　　　前面　qiánmian

　　　　　左边　zǒubian

　　　　　上面　shàngmian

　　　　　那里　nàli

知っておきましょう

中国語言葉の玉手箱

"烟酒不分家"

　中国では "敬烟"（jìng yān）は一つの話題のきっかけとなります。つまり、人にタバコを勧めることです。中国では自分がタバコを吸う時、まわりの人々に一本ずつ配るのをよく見掛けます，宴会の時にも、"敬酒"（jìng jiǔ）だけではなく、"敬烟" が一つの契機となります。目上の人にタバコを差しあげるほか、更に火を付けてあげる時もあります。これは敬意を十分に示す態度です。特に結婚式の時、新郎新婦がおじいさんやおじさん達にたばこを差しあげ、火を付ける風景をよく見かけます。中国には "烟酒不分家"（yān jiǔ bù fēn jiā）という言葉があり、タバコと酒は家を分けず、即ち、タバコと酒だけは他人と分け隔てをしないで共に楽しむものなのです。

暮らしの中の違い

縦の箸と食卓の風景

　中国の箸は先端は尖っていないものが多いです。食事の時は、箸が縦置きになっていて、日本のように横置きではありません。宴会で中華料理を食べる食卓は、殆ど丸くなっています。食事の時、「いただきます」「ご馳走さま」というのは日本では当たり前のことですが、中国ではこれに相当する常套語はありません。状況に応じて、"我吃好了"（Wǒ chī hǎo le）（頂きました）、"我吃饱了"（Wǒ chī bǎo le）（十分頂きました）、"那我就不客气了"（Nà wǒ jiù bú kèqi le）（遠慮をしないことにします）、"太麻烦你了"（Tài máfan nǐ le）（大変お手数をかけました）、"这么多菜"（Zhème duō cài）（こんなにたくさんのお料理を）などと変化があって、日本の人はどう言えばよいのか困ってしまうことがよくあります。また、中国ではご馳走する場合、料理をお客の皿に入れてあげるのが招待する主人側の役目です。食事の間に少なくとも一回はやってあげるのが習慣で、賑やかな雰囲気を盛り上げます。その後は "来、来、来"（Lái、lái、lái）、即ち、自分で箸を運んで料理を取って下さい、と言ったり、あるいは "都是自己人么，别客气"（Dōu shì zìjǐrénme, bié kèqi）と言ったりするのは、自分の家族のように親しさを感じるから、ご遠慮なくという意味です。その時の答えは "好，不客气，自己来"（Hǎo, bú kèqi, zìjǐ lái）です。

酢の酸っぱ味とは　　　　　　10月18日

　今日、コンパで私たちはシャブシャブを食べた。先生は高君と一緒に来られた。ポン酢とゴマだれが出たので、お酢好きな私はすぐ「ポン酢」の方を取った。そばに座っている高君は「酸っぱいのが苦手で、ゴマのをください」と言った。私は中華料理屋ではよくギョウザにお酢をつけて食べるので、中国の人はみんな酢が好きと思っていたので、"你不喜欢？"(Nǐ bù xǐhuan?) と聞いたら、"对。你呢？"(Duì. nǐ ne?) と言ったので、私は"我最喜欢吃醋"(Wǒ zuì xǐhuan chī cù) と答えた。高君は"真酸，真酸"(Zhēn suān, zhēn suān)（すごいやきもちやきだなあ）と言って、笑った。私は何かあるなと思ったがわからなかった。

　高君は次のように説明してくれた。中国では異性について、やきもちをやく、嫉妬することは"吃醋"(chī cù) と言い、酸っぱいの意味がある。

　実は、先週私は高君をからかって冗談を言った。一緒に「焼き餅」を食べた時、好きですかと聞いたら、高君は「大好きだ」と答えた。その時、私は「よくやきもちを焼くんですね」と言ったのだ。今日は高君の「復讐」だったのかもしれない。

第十二课　电　话
Diànhuà

アプローチ

"喂，谁呀？"

"喂"(wéi) は「もしもし」という意味です。中国では電話やインターホンなどで連絡する時、呼び掛け語としてよく使います。しかし、この場合は第四声の発音を第二声に必ず変えます。第四声で発音すると、人をとがめるような非常にきつい言い方になるから注意する必要があります。電話のベルが鳴ったら、受け取る側はまず電話をとって、"喂" と言います。その時すぐにこちらの名前や会社の名前を言う必要はありません。時には "喂" の後に "谁呀？"(Shuí a?)(どちらさまですか)、"请说吧"(Qǐng shuō ba)(どうぞご要件を) と言うことがあります。しかし、中国で電話が普及するに従って、貿易関係の商社やホテルなどでは "你好"(Nǐ hǎo) という挨拶や、自分の方から「会社名」を名乗る傾向も出てきています。

中国では電話した時、話したい相手が出てくるまで自分の名を名乗らないのが一般的です。また、電話をとった人も伝言がない場合は、相手の名前を聞く習慣がありません。つまり、個人の私生活については尋ねないことが礼儀にかなっている、という考え方です。取り敢えず、呼ばれた人を呼ぶだけです。通じた時に初めて、掛けた人は自分の名前を言うのが一般的な習慣です。

また、留守番電話のことですが、「留守」とは中国語でいうと、家にいるの意味で、日本とは全く逆です。ですから、最近の中国の流行語で "留守夫人"(liúshǒu fūrén) というのは、実際に外国へ留学して留守をしているのは主人の方ですが、家で留守番している妻の方を指していう言葉です。つまり、中国語の "留守" は「留守番をする」「留守を守る」ということを意味します。

本　文 🔊 33

王老师：喂，　谁　呀？
　　　　Wéi,　shuí　ya?

田　中：是　我，　中文　一　年级　2　班　的　　田中　　光一。
　　　　Shì　wǒ,　Zhōngwén　yī　niánjí　èr　bān　de　Tiánzhōng　Guāngyī.

王老师：你　好！有　什么　事　吗？
　　　　Nǐ　hǎo!　Yǒu　shénme　shì　ma?

田　中：我们　书画社　明天　去　参观　　中国　　书画展，您
　　　　Wǒmen　shūhuàshè　míngtiān　qù　cānguān　Zhōngguó　shūhuàzhǎn,　nín

　　　　能　一起　去　吗？
　　　　néng　yìqǐ　qù　ma?

王老师：行。　展览馆　在　哪儿？
　　　　Xíng.　Zhǎnlǎnguǎn　zài　nǎr?

田　中：就　在　市政府　附近。下午　一　点　半　我们　在
　　　　Jiù　zài　shìzhèngfǔ　fùjìn.　Xiàwǔ　yì　diǎn　bàn　wǒmen　zài

　　　　市政府　　左边　的　书店　集合。
　　　　shìzhèngfǔ　zuǒbian　de　shūdiàn　jíhé.

王老师：市政府　两　边　好像　都　有　书店。是　靠
　　　　Shìzhèngfǔ　liǎng　biān　hǎoxiàng　dōu　yǒu　shūdiàn.　Shì　kào

　　　　东边　的　那　一　家　吧？
　　　　dōngbian　de　nà　yì　jiā　ba?

田　中：不　对，是　靠　西边　的　那　家。
　　　　Bú　duì,　shì　kào　xībian　de　nèi　jiā.

王老师：啊，我　老是　搞错。明天　我　走着　去，在　那儿　等
　　　　Ā,　wǒ　lǎoshì　gǎocuò.　Míngtiān　wǒ　zǒuzhe　qù,　zài　nàr　děng

　　　　你们　吧。
　　　　nǐmen　ba.

田　中：好，　再见。
　　　　Hǎo,　zàijiàn.

新出語句 🔊 34

电话　diànhuà　名 電話をかける　　　　书画展　shūhuàzhǎn　名 書画展
书画社　shūhuàshè　名 書画クラブ　　　　一起　yìqǐ　副 一緒に
谁　shuí　代 だれ、どなた　　　　　　　就　jiù　副 すぐ
参观　cānguān　動 見学する、参観する　　市政府　shìzhèngfǔ　名 市役所

附近 fùjìn 名 付近、近所

左边 zuǒbian 名 左側

书店 shūdiàn 名 書店

集合 jíhé 動 集まる、集合する

两边 liǎngbiān 名 両側

好像 hǎoxiàng 副 ～のようだ

靠 kào 動 寄りかかる

家 jiā 量 ～軒

老是 lǎoshì 副 いつも～だ

搞 gǎo 動 する

错 cuò 形 正しくない

走 zǒu 動 歩く

中日漢字対照

电(電)、谁(誰)、级(級)、画(画)、观(観)、览(覧)、两(両)、东(東)、错(錯)

ポイント

1 存在の表現"在"(「～は～にある」)と"有"(「～には～がある」)

例：展览馆在哪儿？　Zhǎnlǎnguǎn zài nǎr?

就在市政府的附近。　Jiù zài shìzhèngfǔ de fùjìn.

那儿两边都有书店。　Nàr liǎng biān dōu yǒu shūdiàn.

2 方位詞

	上 shàng	下 xià	前 qián	后 hòu	左 zuǒ	右 yòu
～边 bian	上边 shàngbian	下边 xiàbian	前边 qiánbian	后边 hòubian	左边 zuǒbian	右边 yòubian
～面 mian	上面 shàngmian	下面 xiàmian	前面 qiánmian	后面 hòumian	左面 zuǒmian	右面 yòumian

	里 lǐ	外 wài	东 dōng	南 nán	西 xī	北 běi
～边 bian	里边 lǐbian	外边 wàibian	东边 dōngbian	南边 nánbian	西边 xībian	北边 běibian
～面 mian	里面 lǐmian	外面 wàimian	东面 dōngmian	南面 nánmian	西面 xīmian	北面 běimian

例：我们在市政府左边的书店集合。

Wǒmen zài shìzhèngfǔ zuǒbian de shūdiàn jíhé.

3 結果補語

例：我老是搞错。　Wǒ lǎoshì gǎocuò.

練　習

一、ピンインを書き、訳しなさい。

    1）好像 _____㊙_____　　　　2）走 _____㊙_____

二、ピンインを漢字に直しなさい。

    1）cānguān　　2）yìqǐ　　　3）shìzhèngfǔ　　4）shūdiàn

    _____　　_____　　_____　　_____

三、下線部を置き換えて、練習してみよう。

    1　展览馆在哪儿？　Zhǎnlǎnguǎn zài nǎr？

        书店　　shūdiàn

        学校　　xuéxiào

        老师　　lǎoshī

        他们　　tāmen

    2　下午一点半我们在书店集合。　Xiàwǔ yì diǎn bàn wǒmen zài shūdiàn jíhé.

        宿舍　　sùshè

        图书馆　　túshūguǎn

        校园　　xiàoyuán

        展览馆　　zhǎnlǎnguǎn

    3　我老是搞错。　Wǒ lǎoshì gǎocuò.

        买　　mǎi

        听　　tīng

        写　　xiě

        说　　shuō

知っておきましょう

中国語言葉の玉手箱

“走” のスピード

　“走”(zǒu) は歩くの意味です。しかし、古文では中国語でも「走る」の意味を持つことがあります。熟語の中にその意味がまだ残っています。例えば“走马看花”(zǒu mǎ kànhuā) の“走”は走るという意味です。

　日本語の「走る」は、中国では“跑”(pǎo) の漢字を当てます。

暮らしの中の違い

“再见” か “失礼” か

　中国語の“再见”(zàijiàn) は「さようなら」の意味で、一般的に別れる時に使う常用語です。特に、電話を切る時によく使います。日本で電話が終わった時によく言う「失礼します」に対応する言葉はありません。中国では、用事を済ませて電話を切るのは何も失礼なことではないのに、こう言うのはおかしく思われます。その場合“再见”と一言言うと非常に温かみがあり、またわかりやすい挨拶ではないかと思います。ただし、これは中国では、の話です。

左右の相違　　　　　　　　11月1日

　今日、私達美術クラブの全員は中国書画展を見に行こうと約束した。王先生も誘った。高君もこのクラブのメンバーなので、昨夜田中君が知らせた。高君が留守だったので、電話にメッセージを入れた。"明天下午一点左右，在市政府左边的书店集合。"（Míngtiān xiàwǔ yì diǎn zuǒyòu, zài shìzhèngfǔ zuǒbian de shūdiàn jíhé.）念のために、この中国語は全部、私が辞典で調べてあげたので、田中君は正しく発音したはずだ。そして中国語のあと、日本語でも同じことを言っておいた。

　しかし、高君は午後一時になっても、なかなか来ない。ほかの人は全部来たのに。とうとう一時半になった。王先生が「誤解したかな」と言った途端に、高君が汗だらけになりながら、走って来た。高君は「どうしたのですか。ずっと待っていたのに」と言ったが、それは私達の方こそ、言いたいことだった。王先生が笑った。どちらも間違いではないのだ。

　日本と中国とでは左右のイメージが違うので、お互いに誤解したのだ。中国では"在市政府左边的书店集合"というと、市役所の側に立って左側と理解するのが普通だが、日本では市役所に向って左側と解釈することが多い。日本語では「向かって」という言葉を省略することが多いため、中国と日本ではちょうど正反対の理解をすることとなり、よく混乱が起きやすいのだ。

第十三课　拜　托
Bàituō

アプローチ

"拜托您了。"

　"拜托"(bàituō)は敬語としての「お願いします」「お頼みします」です。常に"了"(le)を入れます。ここでの"拜"は敬意を表す接頭語です。ただし"了"を付ける事は、お願いすることによる状態の変化を確認する意味で、"拜托了"を直訳すると「すでにお願いしてありますように」という感じになります。"拜托您了"の場合のように"您"(nín)"你"(nǐ)を入れると、より丁寧な言葉になります。

　そういう時の答えは、もし承知する時は、"放心吧"(Fàngxīn ba)（安心して）、あるいは"请放心吧"(Qǐng fàngxīn ba)（安心して下さい）と言います。

　ただし、中国と日本との違いは、この揚合中国では必ず"谢谢"(Xièxie)と感謝の言葉を続けて言うことです。つまり、お願いしたことが最後に成功するかどうかは別にして、お願いすること自体、すでに迷惑をお掛けしましたので、まずお礼を言わなければならないという発想です。日本の場合は、前もって礼を言うと、何か押し付けられるか、厚かましいかなと思うかも知れませんが、中国ではこれが礼儀であると考えています。

田　中：王　老师，我　和　佐藤　通过　汉语　四　级　考试　了。
　　　　Wáng lǎoshī, wǒ　hé　Zuǒténg tōngguò Hànyǔ　sì　jí kǎoshì le.

王老师：祝贺　你们。
　　　　Zhùhè　nǐmen.

佐　藤：明年　放　春假，我们　想　去　中国　留学。
　　　　Míngnián fàng chūnjià, wǒmen xiǎng qù Zhōngguó liúxué.

王老师：去　多　长　时间？
　　　　Qù　duō cháng shíjiān?

田　中：去　一　个　月，4 月　1　号　开学　前　回来。
　　　　Qù　yí ge yuè, sì yuè yī hào kāixué qián huílai.

王老师：去　哪　个　大学？
　　　　Qù　něi　ge　dàxué?

田　中：还　没　定。您　给　我们　介绍　一下　吧。
　　　　Hái méi dìng. Nín gěi wǒmen jièshào yíxià ba.

王老师：那　就　去　上海　师范　大学　吧。
　　　　Nà　jiù　qù Shànghǎi Shīfàn Dàxué ba.

佐　藤：听　上　一　届　的　同学　说，上海　师大　校园
　　　　Tīng shàng yí jiè de tóngxué shuō, Shànghǎi Shīdà xiàoyuán

　　　　很　漂亮，交通　也　很　方便。
　　　　hěn piàoliang, jiāotōng yě hěn fāngbiàn.

王老师：是　的。那　是　我　的　母校。这样　吧，明天　我
　　　　Shì de. Nà shì wǒ de mǔxiào. Zhèyàng ba, míngtiān wǒ

　　　　就　给　你们　联系。
　　　　jiù gěi nǐmen liánxì.

田　中：那　就　拜托　您　了。谢谢。
　　　　Nà jiù bàituō nín le. Xièxie.

王老师：没　什么，你们　放心　吧。
　　　　Méi shénme, nǐmen fàngxīn ba.

新出語句 🔊 36

拜托 bàituō 動 お願いする	定 dìng 動 決定する
汉语 Hànyǔ 名 中国語	那就 nàjiù それなら、それでは
祝贺 zhùhè 動 祝う	大学 dàxué 名 大学
放 fàng 動 休みになる	上海师范大学 Shànghǎi Shīfàn Dàxué
春假 chūnjià 名 春休み	名 上海師範大学
多 duō 副 どれぐらい	交通 jiāotōng 名 交通
长 cháng 形 長い	方便 fāngbiàn 形 便利だ
时间 shíjiān 名 時間、期間	母校 mǔxiào 名 母校
开学 kāixué 動 学校が始まる	这样 zhèyàng 代 このような
前 qián 名 まえ	放心 fàngxīn 動 安心する
回来 huílái 動 戻ってくる	

中日漢字対照

语(語)、贺(賀)、长(長)、间(間)、范(範)

ポイント

1 "给…" ＋ V ── "给" は介詞である。「～に」

例：给我们介绍一下吧。 Gěi wǒmen jièshào yíxià ba.

明天我就给你们联系。 Míngtiān wǒ jiù gěi nǐmen liánxì.

2 "那就…" ── 「それなら～ことにしよう」

例：那就去上海师范大学吧。 Nà jiù qù Shànghǎi Shīfàn Dàxué ba.

那就拜托您了。 Nà jiù bàituō nín le.

3 "听…说" ── 「～の話によると、～だそうだ」

例：听上一届的同学说，上海师大校园很漂亮。

Tīng shàng yí jiè de tóngxué shuō, Shànghǎi Shīdà xiàoyuán hěn piàoliang.

4 主述述語文

例：上海师大校园很漂亮。 Shànghǎi Shīdà xiàoyuán hěn piàoliang.

練 習

一、ピンインを書き、訳しなさい。

　　1）春假 _____ ㊙ _____　　2）放心 _____ ㊙ _____

二、ピンインを漢字に直しなさい。

　　1）Hànyǔ　　　2）fàng　　　　3）jiāotōng　　　4）mǔxiào

　　　　_____　　_____　　_____　　_____

三、下線部を置き換えて、練習してみよう。

　　1　去一个月 。　Qù yí ge yuè.

　　　　　　一年　　yì nián

　　　　　　半个月　　bàn ge yuè

　　　　　　二十天　　èr shí tiān

　　　　　　两个星期　　liǎng ge xīngqī

　　2　您给我们介绍一下吧。　Nín gěi wǒmen jièshào yíxià ba.

　　　　　　联系　　liánxì

　　　　　　准备　　zhǔnbèi

　　　　　　复习　　fùxí

　　　　　　表演　　biǎoyǎn

　　3　上海师大校园很漂亮 。　Shànghǎi Shīdà xiàoyuán hěn piàoliang.

　　　　　　交通很方便　　jiāotōng hěn fāngbiàn

　　　　　　留学生很多　　liúxuéshēng hěn duō

　　　　　　我们没去过　　wǒmen méi qùguo

　　　　　　我们明天参观　　wǒmen míngtiān cānguān

知っておきましょう

中国語言葉の玉手箱

"放心" の意味

　"放心"（fàngxīn）は中国ではよく使われる言葉で、日本語の「安心」の意味です。"请放心"（Qǐng fàngxīn）は日本語で「安心して下さい」の意味ですが、中国語で "安心"（ānxīn）という時は "放心" と違って、「(気持ちが)落ち着く」という意味になります。例えば、"放心了"（Fàngxīn le）（心配がなくなった）と "安心了"（Ānxīn le）（落ち着いた）は違います。だから、物を頼まれた時には、"请安心"（Qǐng ānxīn）とは言えないことが判るでしょう。

暮らしの中の違い

大学のシステム

　中国の大学のシステムは一年を第一学期と第二学期の二つに分け、休みもただ "暑假"（shǔjià）（夏休み）と "寒假"（hánjià）（冬休み）の二つだけです。入学試験は7月下旬頃にあります。新学期は9月前後です。学期の始めと終わりは、年によって、また学校によって少し違いますが、ほぼ同じ時期です。たいてい第一学期は、8月末か9月1日頃から翌年の1月中旬頃までです。1月と2月の間に "春节"（Chūnjié）を挟んで、3、4週間の冬休みがあります。第二学期は、2月初め頃から7月中旬頃までで、7月下旬から8月末まで夏休みとなります。

　大学の学長は "校长"（xiàozhǎng）と言います。これは小学校、中学校、高校の校长と同じ呼び方です。また、同級生は "同学"（tóngxué）、かなり長い間いっしょに勉強してきた時は "老同学"（lǎo tóngxué）、1回上の先輩は "上一届同学"（shàng yí jiè tóngxué）、卒業した先輩は "校友"（xiàoyǒu）、かなり年上の先輩は "老校友"（lǎo xiàoyǒu）といいます。

"祝"は"祝賀"と同じか　　　　　11月3日

　今日は文化の日で、田中君の二十歳の誕生日だ。私達は田中君のアパートで、お祝いパーティーをした。王先生も高君と一緒に来られた。先生からの祝辞は"祝你生日愉快"(Zhù nǐ shēngri yúkuài)。皆も〈祝你生日愉快〉の歌を歌った。しかし昨日授業の時、先生は正月の前には"祝新年好"(Zhù xīnnián hǎo)で、正月に入ると"新年好"となると教えて下さったのに、なぜ、今日の誕生日に"祝"を入れるのか。今朝は私達の試験合格に対して先生は"祝賀你们"(Zhùhè nǐmen)と言って下さったが、いったい"祝賀"と"祝"とどういう区別があるのか。また、どうして正月になると"祝"を除くのかわからなかった。

　先生のお答えは、"祝賀"は「おめでとう」という意味だが、"祝"だけの時は主に「祈り」の意味を持っている。だから、試験の前は"祝你们取得好成绩"(Zhù nǐmen qǔdé hǎo chéngjì)で、試験に合格したあとは"祝贺你们取得好成绩"(Zhù hè nǐmen qǔdé hǎo chéngjì)という。"祝你生日愉快"の時に"祝"を使ったのは、「誕生日が良い日であるように」と、「祈り」の気持ちを込めている。また、新年の前の"祝新年好"の"祝"も「よき新年であることを祈る」という意味。新年になったら、"祝"を除いて、その日の"你好"(Nǐ hǎo)と同じように"新年好"というのが普通である、というものだった。それで疑問は氷解した。

第十四课　礼　物
Lǐwù

アプローチ

"带点儿礼物去中国。"

"礼物"(lǐwù)とは(改まった)贈り物です。例えば、"带点儿礼物去中国"(Dài diǎnr lǐwù qù Zhōngguó)(一寸した贈り物を持って中国へ行く)という場合の"礼物"です。各民族にはそれぞれの風俗習慣があり、"随乡入俗"(suíxiāngrùsú)(郷にいれば郷に従え)にしなければならないのです。中国と日本は風俗習慣に似ているところも多いけれども、違うところも少なくありません。特に、似ているような似ていないようなところに気を付けないと、人を傷つけたり、失礼なことをしたり、縁起の悪いことをしたりして逆効果になるおそれがあります。

先ず、同じ漢字でも読み方や意味には、ずいぶん違うものがあります。干支の場合、十二支の「亥」は中国では"家猪"(jiāzhū)(豚)ですが、日本では"野猪"(yězhū)(猪)です。だから亥年の年賀状や記念切手は一番面白いものです。中国では肥えたブタを描いて、豊かな一年を象徴しますが、日本では猛進しているイノシシを描いて、元気な一年を象徴します。更に、習慣のことは、想像もつかない場合があります。中国では結婚の時、必ず"喜"(xǐ)字の双字"囍"(xǐ)を書いて飾り、成双成対の幸せを祈ります。特に、「寿」字の贈り物をあげる時、中日では意味内容が違いますので、相手や場所に気を付けなければなりません。日本では「寿」字は結婚式では溢れる位多く使いますが、中国では、"寿"(shòu)は老人の長寿を祝うなど特殊な場合だけです。また、中国では偶数を好むので、特に結婚祝いの贈り物は「対」にするのが縁起がいいと考えられています。

本　文 🔊 37

田　中：王　老师，我　想　带　点儿　礼物　去　　中国。
　　　　Wáng lǎoshī, wǒ xiǎng dài diǎnr lǐwù qù Zhōngguó.

王老师：什么　礼物？
　　　　Shénme lǐwù?

田　中：像　　闹钟　啦、手表　什么的。
　　　　Xiàng nàozhōng la, shǒubiǎo shénmede.

王老师：好　啊。不过　可　别　把　钟　送给　年纪　大　的　人。
　　　　Hǎo a. Búguò kě bié bǎ zhōng sònggěi niánjì dà de rén.

田　中：是　不　是　礼　太　轻　了？
　　　　Shì bu shì lǐ tài qīng le?

王老师：不　是。"钟"　的　发音　和　"临终"　的　"终"　　相同，
　　　　Bú shì. "Zhōng" de fāyīn hé "línzhōng" de "zhōng" xiāngtóng,

　　　　"送　钟"　会　被　人　误解　为　　"送终"　　的。
　　　　"sòng zhōng" huì bèi rén wùjiě wéi "sòngzhōng" de.

田　中：噢，我　明白　了，这　跟　日本人　不　轻易　送　人
　　　　Ō, wǒ míngbai le, zhè gēn Rìběnrén bù qīngyì sòng rén

　　　　木梳　是　一样　的　吧。
　　　　mùshū shì yíyàng de ba.

王老师：对。还有，探望　病人　时　不　能　送　生梨。
　　　　Duì. Háiyǒu, tànwàng bìngrén shí bù néng sòng shēnglí.

田　中：是　因为　"生梨"　和　"生　离"　语音　相同　　吧。
　　　　Shì yīnwèi "shēnglí" hé "shēng lí" yǔyīn xiāngtóng ba.

王老师：对，误解　成　"生离死别"　的　"生　离"就　麻烦　了。
　　　　Duì, wùjiě chéng "shēnglísǐbié" de "shēng lí" jiù máfan le.

田　中：真　是　不　听　不　知道，一　听　吓　一　跳。
　　　　Zhēn shì bù tīng bù zhīdào, yì tīng xià yí tiào.

高小华：不过，现在　的　年轻人　已经　不　太　讲究　了。
　　　　Búguò, xiànzài de niánqīngrén yǐjīng bú tài jiǎngjiu le.

新出語句 🔊 38

带 dài 動 携帯する、持つ

闹钟 nàozhōng 名 目覚まし時計

手表 shǒubiǎo 名 腕時計

什么的 shénmede 代 ～など

不过 búguò 接 でも

可 kě 副 絶対に

別 bié 副 ～するな
送给 sònggěi 動 ～に贈る
年纪 niánjì 名 年齢、年
大 dà 形 大きい
轻 qīng 形 軽い
钟 zhōng 名 時計 (掛け時計、置き時計)
发音 fāyīn 名 発音
临终 línzhōng 動 臨終を迎える
送终 sòngzhōng 動 最期を看とる
被 bèi 介 ～に
误解 wùjiě 動 誤解する
明白 míngbai 動 わかる

跟 gēn 介 ～と
轻易 qīngyì 副 軽々しく
木梳 mùshū 名 櫛
一样 yíyàng 形 同じ
探望 tànwàng 動 見舞いに行く
病人 bìngrén 名 病人
生梨 shēnglí 名 梨
生离死别 shēnglísǐbié 生き別れと死に別れ
麻烦 máfan 形 煩わしい
年轻人 niánqīngrén 名 若い人
讲究 jiǎngjiu 動 重んじる、凝る

中日漢字対照

带(帶)、纪(紀)、轻(輕)、发(發)、临(臨)、终(終)、样(様)、离(離)、误(誤)、解(解)、烦(煩)

ポイント

1 "像…什么的"——「例えば～など」

例：像闹钟啦、手表什么的。　Xiàng nàozhōng la, shǒubiǎo shénmede.

2 "把"字句——S＋把＋O＋V、対象に対して処置を加えることを表わす。

例：可别把钟送给年纪大的人。　Kě bié bǎ zhōng sònggěi niánjì dà de rén.

3 受身の"被"("叫"、"给"、"让")——「～に～れる(られる)」

例：会被人误解为"送终"的。　Huì bèi rén wùjiě wéi "sòngzhōng" de.

4 "不…不知道，一…吓一跳"——「～しなければ分からないが、～すると驚く」

例：真是不听不知道，一听吓一跳。

Zhēn shì bù tīng bù zhīdào, yì tīng xià yí tiào.

練 習

一、ピンインを書き、訳しなさい。

　　1) 手表 ＿＿＿＿＿㊙＿＿＿＿＿　　　2) 明白 ＿＿＿＿＿㊙＿＿＿＿＿

二、ピンインを漢字に直しなさい。

　　1) niánjì　　　2) zhōng　　　3) máfan　　　4) niánqīngrén

　　＿＿＿＿＿　　＿＿＿＿＿　　＿＿＿＿＿　　＿＿＿＿＿

三、下線部を置き換えて、練習してみよう。

1　像闹钟啦、手表什么的。　Xiàng nàozhōng la、shǒubiǎo shénmede.

拼音	pīnyīn	汉字	Hànzì
书店	shūdiàn	车站	chēzhàn
请假	qǐngjià	补课	bǔkè
复习	fùxí	考试	kǎoshì

2　可别把钟送给年纪大的人。　Kě bié bǎ zhōng sònggěi niánjì dà de rén.

这茶杯	zhè chábēi	老李	lǎo Lǐ
自行车	zìxíngchē	同学	tóngxué
生日礼物	shēngri lǐwù	别人	biérén
陶器	táoqì	老师	lǎoshī

3　真是不听不知道，一听吓一跳。　Zhēn shì bù tīng bù zhīdào, yì tīng xià yí tiào.

讲	jiǎng	讲	jiǎng
看	kàn	看	kàn
来	lái	来	lái
学	xué	学	xué

知っておきましょう

中国語言葉の玉手箱

"寿"字の贈り物

　"寿"（shòu）という字は中国の老人の誕生日に使い、長寿を願うのです。また葬儀用、死後の物品を指すこともあります。しかし、日本ではこの字はおめでたい時だけに用います。例えば年賀状にはよく"寿"の字が見られ、正月の飾りにも多く見られます。特に、結婚式には最も盛んに使います。中国の場合、若い人の結婚式に寿字を飾ったり、寿字の入った贈り物をしたら、大騒ぎになることでしょう。一方、中国では長老の誕生日などによく使います、例えば"寿辰"（shòuchén）"寿面"（shòumiàn）"寿棺"（shòuguān）など、使い方が相当限定されています。

暮らしの中の違い

お返しの方法

　中国にもお土産をあげる習慣があります。しかし、その受け留め方は日本と違います。中国では贈り物を頂いた時、そのことに感謝しても、また、お返しに相手に好ましい物をあげようと思っても、なるべく日を改めてお返しします。そして、その場で包みをすぐ開けて見る習慣はあまりありません。そうしないと、客より物を重視するのか、物による接待をするのかというような誤解を招く怖れもあるのです。ただし見る必要があるもの、あるいは送り手から開けて下さいと言われた場合は例外です。また、食べ物の贈り物を頂いたら、いくらその時に食べたくても、その場で開けてお客と一緒に食べることはあまりしません。更に、頂いてからすぐその時その場で、お返しの贈り物を探してあげるのは大変失礼なことです。もしちょうど用意していたお返しの贈り物をあげる場合でも、あるいはその場で本当に何かお返ししなければならない場合でも、それを先の贈り物のお返しと言ってはいけません。たとえそうであっても、口には絶対出さないのです。すぐお返しすることは「その気持ちを受けたくない」という意味になってしまうかもしれません。

"粗品" を人にあげる?!　　　　　　12月24日

　明日の授業は中国から訪問された梁先生が講義される。今朝、李先生から、梁先生への贈り物を買って来て欲しいと頼まれて、高君、田中君と一緒にデパートへ行った。梁先生は女性なので、ハンドバッグを選んだ。店員は贈り物と聞いて何重にも包んでから、箱に入れようとした。高君が「入れなくてもいいです」と言った。また「どんなのし紙がいいですか」と聞かれて、高君は「粗品というのし紙だけは困ります」と言った。

　商品を貰って学校に戻ってから、高君が言うには、中国でも贈り物をあげる時、贈り物の質や使い方などを紹介したり、「少しだけですが」「気持ちだけです」など言葉の上では謙遜しますが、"粗品"(cūpǐn)ののし紙はぜったいつけない。何故なら自分で粗品であると思っているものをどうして人にあげるのかと思われる。また、包装は割れ物を除いて、普通は鮮やかな紙で二重ぐらい包んだらそれで十分。過剰包装すると、大袈裟な感じを与え、内容と釣り合わない場合がある。むしろ簡単な包装で気持ちを十分に伝えるのが中国の習慣であるということであった。

第十五课　告　別
Gàobié

アプローチ

"祝你们一路平安。"

　旅に出かける時、"告別"(gàobié)と"送別"(sòngbié)の両方の言い方があります。"告別"は旅に出かける人から別れを告げる意味ですが、"送別"は旅に出かける人を見送る意味です。ただし"告別"とは日本語のように死んだ人に告別する意味と同じ場合もありますが、主に、別れを告げるという意味です。例文は後者の意味です。別れを告げる、あるいは見送る場合は、中国では旅に出かける人に対してよく"祝你们一路平安"(Zhù nǐmen yílùpíng'an)(道中のご無事をお祈りします)といいます。また、同じ意味の"一路顺风"(yílùshùnfēng)もよく使います。勿論これは、この旅に危険を感じ心配しているので気を付けてください、という不安を表わしているわけではありません。

　長い期間別れる人には"请多多保重"(Qǐng duōduo bǎozhòng)もよく使います。"请多多保重"は「お大事に」と「気を付けて下さい」との両方の意味を含めていますので、病院にお見舞い行く場合にも使えるし、また"送別"の見送りにも、"告別"の別れを告げる時にも使います。ただし日本の病院では「お大事に」という言葉が頻繁に口にされていますが、中国の病院では"请多多保重"はお医者さんも看護婦さんも殆ど口にしませんし、見舞いの時にも、繰り返して言ったりはしません。

本 文 🔊 39

田 中：王 老师， 明天 我们 就要 去 中国 留学 了。
Wáng lǎoshī, míngtiān wǒmen jiùyào qù Zhōngguó liúxué le.

王老师：几 点 的 飞机?
Jǐ diǎn de fēijī?

佐 藤：上午 九 点。
Shàngwǔ jiǔ diǎn.

王老师：真 不 巧， 明天 上午 我 有 课，不 能 送
Zhēn bù qiǎo, míngtiān shàngwǔ wǒ yǒu kè, bù néng sòng

你们 了。
nǐmen le.

田 中：王 老师， 您 别 客气。
Wáng lǎoshī, nín bié kèqi.

王老师：到 中国 后， 要 常 来 信 啊。
Dào Zhōngguó hòu, yào cháng lái xìn a.

佐 藤：好 的。 我们 用 中文 给 您 写 信。
Hǎo de. Wǒmen yòng Zhōngwén gěi nín xiě xìn.

王老师：那 我 也 用 中文 给 你们 回 信。
Nà wǒ yě yòng Zhōngwén gěi nǐmen huí xìn.

田 中：王 老师, 在 中国 留学， 我们 该 注意 些 什么 呢?
Wáng lǎoshī, zài Zhōngguó liúxué, wǒmen gāi zhùyì xiē shénme ne?

王老师：要 多 交 些 中国 朋友， 多 听 多 说。
Yào duō jiāo xiē Zhōngguó péngyou, duō tīng duō shuō.

佐 藤：好， 我们 一定 好好儿 努力。
Hǎo, wǒmen yídìng hǎohāor nǔlì.

王老师：祝 你们 一路 平安， 学习 进步。
Zhù nǐmen yílù píng'ān, xuéxí jìnbù.

田中、佐藤：谢谢!
Xièxie!

新出語句 🔊 40

告别 gàobié 動 別れを告げる	回信 huíxìn 動 返事を出す
就要 jiùyào 副 まもなく	该 gāi 助 ～すべきだ
飞机 fēijī 名 飛行機	些 xiē 名 いくつか
客气 kèqi 動 遠慮する	交 jiāo 動 交わる
后 hòu 名 後	朋友 péngyou 名 友人
常 cháng 副 常に、いつも	说 shuō 動 話す
来信 láixìn 動 手紙が来る、手紙をよこす	一路平安 yílùpíng'ān 道中ご無事で
用 yòng 介 ～で	进步 jìnbù 動 進歩する
写信 xiěxìn 手紙を書く	

中日漢字対照

飞(飛)、机(機)、气(気)、写(寫)、该(該)、说(説)、步(歩)

ポイント

1 "就要 ... 了"——「まもなく～」

　　例：我们就要去中国留学了。　Wǒmen jiùyào qù Zhōngguó liúxué le.

2 "真不巧"——「あいにく～」

　　例：真不巧，明天上午我有课。　Zhēn bù qiǎo, míngtiān shàngwǔ wǒ yǒu kè.

3 介詞 "用"——道具、方式を表わす。

　　例：我们用中文给您写信。　Wǒmen yòng Zhōngwén gěi nín xiě xìn.

4 助動詞 "该"——「～すべきだ」

　　例：我们该注意些什么呢？　Wǒmen gāi zhùyì xiē shénme ne?

5 不定量詞の "(一)些"

　　例：要多交些中国朋友。　Yào duō jiāo xiē Zhōngguó péngyou.

練 習

一、ピンインを書き、訳しなさい。

    1）飞机 _____（ ）   2）写信 _____（ ）

二、ピンインを漢字に直しなさい。

    1）kèqi   2）péngyou   3）shuō   4）jìnbù

    _____   _____   _____   _____

三、下線部を置き換えて、練習してみよう。

    1 我们就要去中国留学了。 Wǒmen jiùyào qù Zhōngguó liúxué le.

        上课   shàngkè

        放假   fàngjià

        上飞机   shàng fēijī

        回日本   huí Rìběn

    2 我们用中文给您写信。 Wǒmen yòng Zhōngwén gěi nín xiě xìn.

        日文 Rìwén   回信   huíxìn

        英语 Yīngyǔ   上课   shàngkè

        法语 Fǎyǔ   打电话 dǎ diànhuà

        德语 Déyǔ   写请假条 xiě qǐngjiàtiáo

    3 我们该注意些什么呢？ Wǒmen gāi zhùyì xiē shénme ne?

        买 mǎi

        听 tīng

        写 xiě

        说 shuō

知っておきましょう

中国語言葉の玉手箱

"朋友" のあれこれ

"朋友"(péngyou) は友達、"小朋友"(xiǎo péngyou) は子供に対する言い方、"老朋友"(lǎo péngyou) は古くからの友人、"好朋友"(hǎo péngyou) は親友という意味です。ただし、"男朋友"(nán péngyou) はボーイ・フレンド、"女朋友"(nǚ péngyou) はガール・フレンドの意味になります。

暮らしの中の違い

"手纸" とは

中国語の "信"(xìn) は日本語の「手紙」ですが、日本語の「手紙」は中国語では「トイレット・ペーパー」「ティッシュ・ペーパー」になります。中国語の "写信"(xiě xìn) は手紙を書く、"来信"(lái xìn) は手紙をよこす、"回信"(huí xìn)"复信"(fù xìn) は返事を出す、"明信片"(míngxìnpiàn) はハガキ、"信纸"(xìnzhǐ) は便箋、"信封"(xìnfēng) は封筒、"寄信"(jì xìn) は手紙を郵便で出す、"信筒"(xìntǒng) はポスト、"信箱"(xìnxiāng) は郵便受け、"挂号信"(guàhàoxìn) は書留、"邮票"(yóupiào) は切手、"通信"(tōngxìn) は文通を意味します。

郵便局の配達員も日本と同じようにありますが、中国の制服は緑色です。また、日本の場合はポストは赤いのが普通ですが、中国では緑色です。

年長への敬意 　　　　　　　　1月18日

　今日は、中国へ留学するための、いろいろな書類を書かなければならない。高君と私は同じ亥年であるはずだが、高君によると中国では私は亥年ではないらしい。中国は旧正月から十二支が変わり、私は一月十二日生まれなので、同じ一年でも同じ亥年とは言えないそうだ。同じ西暦年の二月二十六日の高君は当然、亥年ということになる。また、書類に"实足年龄"(shízú niánlíng)という欄があり、中国では日常生活においては"虚岁"(xūsuì)(数え年)で計算するが、正式な書類を書く場合だけ"周岁"(zhōusuì)(満年齢)が使用されている。また日本では「おいくつですか」という質問の言葉は年令と関係なく使うが、中国では十歳以下には"几岁"(jǐ suì)、一般的には"多大岁数了"(duō dà suìshu le)などと聞く。

　年齢についての尋ね方にいろいろ区別があることを聞いて、私は思わず、以前、李先生の子供さんに会った時のことを思い出した。ある日、私は父と一緒にデパートへ行く途中、李先生と彼女の五歳の息子さんに会った。先生が"快叫爷爷、阿姨"(Kuài jiào yéye、āyí)(早くおじいさん、おばさんと呼んで)と言うと、その子はすぐ私たちに向かって「おじいさん」「おばさん」と呼んで、中国式の挨拶をした。しかし、そうした呼び掛け語はまだ五十歳をすぎたばかりの父と二十歳になったばかりの私の年には合わない感じがした。これは中国では、相手を高く位置付け、私の父を李先生の親の世代として、私を三十代の先生と同世代として考えた表現で、礼節をわきまえた立派なものであると、高君は説明してくれた。つまり、中国では相手の世代を実際より上に見るのが敬意を表することになるのである。例えば、道やものを尋ねる場合は、よく七十歳の人でも七歳の子供に向かって"小弟弟"(xiǎo dìdi)"小妹妹"(xiǎo mèimei)と呼び掛けることがある。これも一種の尊称と言うことが出来るだろう。

第十六课　写　信
Xiě　xìn

アプローチ

"王老师：您好！"

　"信"（xìn）は手紙で主に六つの部分に分けられます。"称呼"（chēnghu）（呼び掛け）"问候"（wènhòu）（あいさつ）"正文"（zhèngwén）（本文）"结尾"（jiéwěi）（末文）"签名"（qiānmíng）（署名）"日期"（rìqī）（日付け）です。例えば、"王老师"（Wáng lǎoshī）のように、まず相手への呼びかけを書きます。その後は挨拶語で、"你好"（Nǐhǎo）"您好"（Nínhǎo）が最も一般的に使われます。その場合の挨拶は勿論、答えなくてもいいという礼儀として、相手との距離を短縮させ、お互いに面会して話を始めようというような気分にさせます。その後は、自由な話題で始まっていいです。内容は短くても長くても冒頭の関係にこだわらないのです。最後には"祝"（zhù）という大事な祈りの言葉を入れて署名と日付を書きます。

　中国では手紙の始めに、季節の言葉を使うことはあまりありません。使っても、あくまで自分の地方の気候や活動と関係がある一種の報告の意味を持つだけで、相手のところはいかがですかと関心を持っていることを示すに止まっています。また、手紙とは特別に関係がない客観的な風景描写は書きません。特に、日本のように主語のない頭語「拝啓」「拝復」を書き、次に時候の挨拶を書いて、身近なことにちょっと触れるなかで、季節を感じさせるような気のきいた表現はまずありません。

王老师：

　　您好！

　　分别快一个星期了，非常想念。承蒙您的介绍，我们来到上海师大留学，一切都很顺利。谢谢。

　　我们住在上海师大留学生宿舍。每天上午从8:40到12:00上中文课，练习会话，下午是自由活动。周末还有学校组织的市内观光活动。昨天下午我们去参观了上海博物馆。新盖的上海博物馆，不但藏品非常丰富，而且建筑也很有特色。我们还去了古色古香的豫园，尝到了很多上海有名的点心小吃，味道好极了。

　　刚来的几天，我们觉得很新鲜，现在渐渐习惯了，会话也比以前进步了。大家都说中文越学越有意思。我们还想学习中国文化，将来选择与中国有关的题目写毕业论文。

　　好了，今天就写到这儿。

　　请代向您全家问好！

　　顺祝

康乐！

田中光一

佐藤雅子

3月5日于上海

Wáng lǎoshī :

　　Nín hǎo !

　　Fēnbié kuài yí ge xīngqī le, fēicháng xiǎngniàn. Chéngméng nín de jièshào, wǒmen lái dào Shànghǎi Shīdà liúxué, yíqiè dōu hěn shùnlì. Xièxiè.

　　Wǒmen zhù zài Shánghǎi Shīdà liúxuéshēng sùshè. Měitiān shàngwǔ cóng bā diǎn sìshí dào shí'èr diǎn shàng Zhōngwénkè, liànxí huìhuà, xiàwǔ shì zìyóu huódòng. Zhōumò hái yǒu xuéxiào zǔzhī de shìnèi guānguāng huódòng. Zuótiān xiàwǔ wǒmen qù cānguānle Shànghǎi Bówùguǎn. Xīn gài de Shànghǎi Bówùguǎn, búdàn cángpǐn fēicháng fēngfù, érqiě jiànzhù yě hěn yǒu tèsè. Wǒmen hái qùle gǔsègǔxiāng de Yùyuán, chángdàole hěnduō Shànghǎi yǒumíng de diǎnxīn xiǎochī, wèidào hǎojí le.

　　Gāng lái de jǐ tiān, wǒmen juéde hěn xīnxiān, xiànzài jiànjiàn xíguàn le, huìhuà yě bǐ yǐqián jìnbù le. Dàjiā dōu shuō Zhōngwén yuè xué yuè yǒu yìsi. Wǒmen hái xiǎng xuéxí Zhōngguó wénhuà, jiānglái xuǎnzé yú Zhōngguó yǒuguān de tímù xiě bìyè lùnwén.

　　Hǎo le, jīntiān jiù xiě dào zhèr.

　　Qǐng dài xiàng nín quánjiā wèn hǎo !

　　Shùnzhù

kānglè !

Tiánzhōng Guāngyī

Zuǒténg Yǎzǐ

sān yuè wǔ rì yú Shànghǎi

新出語句 🔊 42

分別 fēnbié 動 別れる
想念 xiǎngniàn 動 懐かしむ
承蒙 chéngméng 動 ～していただく
从～到～ cóng ～ dào ～ 介 ～から～まで
一切 yíqiè 代 すべて
观光 guānguāng 動 観光する、見物する
新 xīn 形 新しい
盖 gài 動 建てる
博物馆 bówùguǎn 名 博物館
不但～而且～ búdàn ～ érqiě ～
　　　　　　～だけではなく～
丰富 fēngfù 名 豊富だ
古色古香 gǔsègǔxiāng 古色蒼然としている
尝 cháng 動 味わう
点心 diǎnxīn 名 軽食
小吃 xiǎochī 名 軽食

味道 wèidao 名 味
刚 gāng 副 ～したばかり
觉得 juéde 動 感じる
新鲜 xīnxiān 形 目新しい、新鮮だ
渐渐 jiànjiàn 副 だんだんと
习惯 xíguàn 動 慣れる
比 bǐ 介 ～に比べて
以前 yǐqián 名 以前
越～越～ yuè ～ yuè ～
　　　　　　～すればするほど～
有意思 yǒuyìsi 形 興味深い、おもしろい
将来 jiānglái 名 将来
选择 xuǎnzé 動 選択する、選ぶ
还 hái 副 また
与 yú 介 ～と
毕业论文 bìyè lùnwén 名 卒業論文

中日漢字対照

顺(順)、组(組)、织(織)、藏(藏)、丰(豊)、筑(築)、极(極)、刚(剛)、鲜(鮮)、
渐(漸)、惯(慣)、将(将)、选(選)、择(択)、关(関)、题(題)、毕(畢)、业(業)、
论(論)

ポイント

1 介詞 "从" と "到" —— "从" は起点「から」、"到" は終点「まで」

例：从8：40到12：00上中文课。

Cóng bā diǎn sìshí dào shí'èr diǎn shàng Zhōngwénkè.

2 "不但…而且…" ——「～だけではなく、～」

例：上海博物馆，不但藏品丰富，而且建筑也很有特色。

Shànghǎi Bówùguǎn, búdàn cángpǐn fēngfù, érqiě jiànzhù yě hěn yǒu tèsè.

3 "刚" ＋ V ——「～したばかり」

例：刚来的几天，我们觉得很新鲜。　Gānglái de jǐ tiān, wǒmen juéde hěn xīnxiān.

4 比較の "比" ——「～より」

例：比以前进步了。　Bǐ yǐqián jìnbù le.

5 "越…越…" ——「～すればするほど～」

例：大家都说中文越学越有意思。　Dàjiā dōu shuō Zhōngwén yuè xué yuè yǒu yìsi.

一、ピンインを書き、訳しなさい。

　　1）想念 ＿＿＿＿＿＿㊙＿＿＿＿＿＿　　2）刚 ＿＿＿＿＿＿㊙＿＿＿＿＿＿

二、ピンインを漢字に直しなさい。

　　1）guāngguāng　　2）fēngfù　　3）xīnxiān　　4）xuǎnzé

　　＿＿＿＿＿＿＿＿　＿＿＿＿＿＿＿＿　＿＿＿＿＿＿＿＿　＿＿＿＿＿＿＿＿

三、下線部を置き換えて、練習してみよう。

1　从8：40到12：00上中文课。

　　Cóng bā diǎn sìshí dào shí'èr diǎn shàng Zhōngwénkè.

　　上午8：30　shàngwǔ bā diǎn sānshí　　11：30　shíyī diǎn sānshí

　　下午1：30　xiàwǔ yì diǎn sānshí　　3：00　sān diǎn

　　第一节课　dì yī jié kè　　　　　　第四节课　dì sì jié kè

　　星期一　xīngqīyī　　　　　　　　星期五　xīngqīwǔ

2　不但藏品非常丰富，而且建筑也很有特色。

　　Búdàn cángpǐn fēicháng fēngfù, érqiě jiànzhù yě hěn yǒu tèsè.

　　有学生　yǒu xuésheng　　　　　也有老师　yě yǒu lǎoshī

　　发音好　fāyīn hǎo　　　　　　　会话也很好　huìhuà yě hěn hǎo

　　学习中文　xuéxí Zhōngwén　　　还学习英语　hái xuéxí Yīngyǔ

　　校园漂亮　xiàoyuán piàoliang　交通也很方便　jiāotōng yě hěn fāngbiàn

3　会话比以前进步了。　Huìhuà bǐ yǐqián jìnbù le.

　　去年　qùnián

　　上个月　shàng ge yuè

　　刚来时　gāng lái shí

　　在日本时　zài Rìběn shí

知っておきましょう

中国語言葉の玉手箱

宛名の書き方

　中国の手紙封筒の宛名は先ず、相手の名前と尊称を入れて、その後によく "收" (shōu) という字を書きます。これは受け取って下さいという意味です。尊称は "先生"(xiānsheng) "小姐"(xiǎojiě) のような特殊な言い方のほか、最もよく使われるのは "同志"(tóngzhì) というものです。日本のように「殿」「様」は使いません。また、自分宛の返信を同封する場合、自分の宛先に「行」と書くことがありますが、中国では見られないものです。

暮らしの中の違い

封筒の表と裏

　中国の一般的な形式では、封筒の表側に相手と自分の名前を書いて、一目で判るようにします。真ん中に大きく相手の住所と名前、右下に小さく自分の住所の番地・町名を書きますが、後者の場合、かなり略してもかまいませんし、更には姓名を書かないことの方が多いくらいです。また書いても姓だけです。特に恋人宛の手紙は人に知られたくないから、わざとこちらの姓名や住所も書かずに、封筒の表に "内详"(nèixiáng) と書くことが多いようです。しかし、日本では封筒の正面には相手の住所と名前を書くだけで、裏面に自分の住所と名前、更に電話番号まで書くのが一般的です。これは差出人の氏名、所在を明らかにすることが礼儀だと考えるからです。しかし、中国人の考えは違います。まず手紙が届きさえしたら、差出人の住所など知っているのが当たり前なので、細かく書く必要がないし、紛失すればそれはそれで仕方がないという発想です。

　また、日付は中国では手紙の中の最後の部分にやや小さく必ず書きます。日付のない手紙は完成度が低いと見られます。しかし、封筒にまで日付を書くことは絶対しないのです。なお、日付を日本のように手紙の上の方に書く、しかも相手の名前の前や上に書くことは中国ではとてもおかしく思われます。

李白詩は漢詩ではない　　　　　　3月17日

　中国に来てから、二週間すぎた。予定以上に会話の進歩が見られるので、あと二週間は何かほかの選択をして、もっと多くの中国の文化に触れたほうがいいと、先生が勧めてくださったので、今日から始まる"李白"(Lǐ Bái)・"杜甫"(Dù Fǔ)という文学講座を申し込んで、漢詩の勉強をしようと思った。

　初日は、ひとりずつ漢詩についての感想を発表しなければならなかった、私も昨夕、準備した"关于李白的汉诗"(Guānyú Lǐ Bái de Hànshī)(李白の漢詩について)というテーマで感想を述べた。先生はその内容を誉めて下さった後、大事なことを指摘された。「李白詩は漢詩ではない」ということである。

　日本では中国の詩歌は何でも漢詩と思っている。また、日本の読み下し文も文字の順序を違えて読むので、詩本来のリズム感も内容の理解も中国人のものとは、少なからずかけ離れたものになっている。しかし中国では漢詩は各時代に応じて詩の呼名がある。例えば、漢代の"汉诗"(Hàn shī)、唐代の"唐诗"(Táng shī)、宋代の"宋诗"(Sòng shī)、明代の"明诗"(Míng shī)、清代の"清诗"(Qīng shī)などとよんでいる。したがって、唐詩を漢詩の一種と言うことは中国の人にはピンと来ないらしい。これは昔、日本人は中国を「漢」と呼んだので、中国から伝わってきた物をすべて「漢」と名付けたことによる。例えば、「漢詩」「漢文」「漢音」「漢字」「漢学」「漢画」「漢籍」「漢才」「漢語」「漢方薬」など、他の時代のものもひっくるめて、みんな「漢」になってしまっているのだ。

　中日文化の"似"(sì)と"不似"(bú sì)をもっと知りたいと思う。

語句索引

※数字は課を表す

急人 jírén			4
几 jǐ	代		6
家 jiā	量		12
渐渐 jiànjiàn	副		16
健康 jiànkāng	名		11
教 jiāo	动		9
交 jiāo	动		15
饺子 jiǎozi	名		9
叫 jiào	动		2
进步 jìnbù	动		15
就要 jiùyào	副		15
将来 jiānglái	名		16
讲 jiǎng	动		11
讲究 jiǎngjiu	动		14
交通 jiāotōng	名		13
届 jiè	量		11
介绍 jièshào	动		2
今后 jīnhòu	名		7
今天 jīntiān	名		6
进 jìn	动		8
京都 Jīngdū	名		3
经济 jīngjì	名		2
就 jiù	副		6
就 jiù	副		12
句 jù	量		11
聚餐 jùcān	动		11
觉得 juéde	动		16

K

考 kǎo	动		6
考试 kǎoshì	名		8
靠 kào	动		12
开 kāi	动		9
开学 kāixué	动		13
可 kě	副		14

可能 kěnéng	名		8
可是 kěshì	接		9
可以 kěyǐ	助动		10
课 kè	名		6
客气 kèqi	动		15
课文 kèwén	名		5
快 kuài	形		8
快乐 kuàilè	形		3

L

来 lái	动		4
来得及 láidejí	动		8
来信 láixìn	动		15
老师 lǎoshī	名		1
老是 lǎoshì	副		12
里 lǐ	名		8
礼物 lǐwù	名		3
联系 liánxì	动		2
练 liàn	动		10
两边 liǎngbiān	名		12
聊天 liáotiān	动		7
临终 línzhōng	动		14
留学 liúxué	动		7
留学生 liúxuéshēng	名		2
录音 lùyīn	名		5

M

嘛 ma	助		10
麻烦 máfan	形		14
吗 ma	助		5
买 mǎi	动		9
忙 máng	形		10
每天 měitiān	名		10
没 méi	副		4
没精打采 méijīngdǎcǎi			7
名 míng	名		2

著者

鄭　麗芸　椙山女学園大学教授

二訂版
キャンパス中国語入門

鄭　麗芸　著

2014. 4. 1　初版 1 刷発行
2023. 4. 1　二訂版初版発行

発行者　井　田　洋　二

発行所　株式会社　駿 河 台 出 版 社
〒101-0062 東京都千代田区神田駿河台 3 の 7
電話03(3291)1676　FAX03(3291)1675　振替00190-3-56669
E-mail：edit@e-surugadai.com

組版・印刷・製本　フォレスト
978-4-411-03148-8 C1087
http://www.e-surugadai.com